U0115814

《華嚴經》
四聖諦品與人生
一百一十種苦解析

（全彩版）

附：人生有一百一十種苦解析
　　《中論》的「四聖諦」義。
　　《大般涅槃經》的「四聖諦」義。
　　《勝鬘經》的「四聖諦」義。
　　《思益梵天所問經》的「四聖諦」義。

果濱 編撰

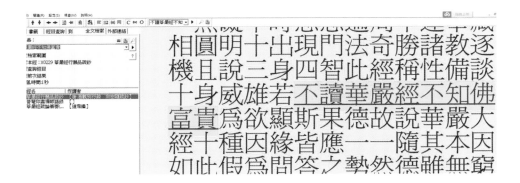

相圓明十出現門法奇勝諸教逐
機且說三身四智此經稱性備談
十身威雄若不讀華嚴經不知佛
富貴為欲顯斯果德故說華嚴大
經十種因緣皆應一一隨其本因
如此假為問答之勢然德雖無窮

唐·澄觀撰《別行疏》、宗密述《隨疏鈔》--《華
嚴經行願品疏鈔·卷二》

若不讀《華嚴經》
不知佛富貴

唐末五代·永明延壽《心賦注·卷三》

不讀《華嚴經》
焉知佛富貴
此一真心
可謂富貴

序文

　　本書全部字數約有 **8** 萬多字，將東晉・<u>佛馱跋陀羅</u>譯的六十《華嚴經・四諦品》與唐・<u>實叉難陀</u>譯的八十《華嚴經・四聖諦品》做一詳細比對與解釋。為了強調人生基本上有「八苦」(生苦、老苦、病苦、死苦、愛別離苦、怨憎會苦、求不得苦、五蘊熾盛苦)，甚至總共有「一百一十種」的「苦」，讓眾生知「**苦**」而發願「求生淨土」之「**道**」；知「**苦**」而應發願往生<u>阿彌陀佛</u>前，世世與佛相值遇。故本書名為較能令人「感動、體會」的：《華嚴經》四聖諦品與人生一百一十種苦解析(全彩版)。

　　<u>釋迦牟尼佛</u>於<u>菩提伽耶</u>(Buddha-gayā)菩提樹下成道後，至<u>鹿野苑</u>(Mṛgadāva)初轉「法輪」，為五位沙門宣說「四聖諦」理，此為佛教最基本的教義，與解脫生死的最重要方法。「四聖諦」理除了小乘經典的重視外，在大乘經論中也對「四聖諦」進行更深的義理闡釋，如《華嚴經》第十二卷的〈四聖諦品〉、《勝鬘師子吼一乘大方便方廣經・第八～第十二》(勝鬘經)、《大般涅槃經・卷七・如來性品第四之四》、及《卷第十二・聖行品第七之二》、《思益梵天所問經・卷一・解諸法品四》、《中論・觀四諦品第二十四》……等。

　　例如在《大般涅槃經・卷三十六・迦葉菩薩品》中即強調「四聖諦」的重要性，經云：

　　復次(有人)不能分別四諦「**苦、集、滅、道**」(者)，
　❶(若)不能分別「四真諦」故，(便)不知「聖行」，
　❷(若)不知「聖行」故，(便)不知「如來」，
　❸(若)不知「如來」故，(便)不知「解脫」，
　❹(若)不知「解脫」故，(便)不知「涅槃」。
　　是故名(此人)為「智不具足」(者)。

　　「**四聖諦**」又稱為「**四真諦、四諦**」，原義是指四種「神聖的真諦」，即「苦聖諦、苦集聖諦、苦滅聖諦、苦滅道聖諦」，為了方便理解，就簡稱為「**苦諦、集諦、滅諦、道諦**」四個名相。

「**苦**」指「逼迫身心苦惱」義，即有關於「生死實是苦」之真諦。

「**集**」指「招聚」義，即有關人生「諸苦生起」及其「根源」之真諦。

「**滅**」指「寂滅」義，即指能滅盡「苦、集」之真諦，進而入於「涅槃」境界。

「**道**」指「能修、能通之道」義。「道諦」原義是指修習「正見、正思惟」等「八正道」真諦，亦可擴充為對佛說「八萬四千法門」的「修習道」。

　　如果改成「健康平安」與「疾病痛苦」方式來闡述「四聖諦」定義，應該可以讓大家能輕易的理解，例如：

苦(逼迫性)：目前所受的病苦。

集(招感性)：招感病痛的原因。

滅(可證性)：病癒而健康平安。

道(可修性)：治病的調理藥方。

　　在整個《大藏經》中對「四聖諦」解釋內容最多的就是《華嚴經》的〈四聖諦品〉；在〈四聖諦品〉中文殊師利菩薩宣說有關「四聖諦」種種不同的「名、義」；於此娑婆世界中，計有「四百億十千」名之多，皆能隨眾生其心所應調伏，而作如是之說。接著文殊菩薩即從「四百億一萬」中宣說「苦、集、滅、道」各有 110 個不同的「名、義」，這樣全部總計就共有 440 個定義。這是目前對「四聖諦」解釋最廣泛、內容最豐富的經文，大綱如下：

①於娑婆世界之東的密訓世界中，有關「四聖諦」的「名、義」計有「四百億十千」名之多，皆能隨眾生其心所應調伏，而作如是之說。(經文對「苦集滅道」只介紹四十個定義而已，底下經文皆如此安排)

②娑婆南方的最勝(最勇；豐溢)世界中，有關「四聖諦」的「名、義」計有「四百億十千」名之多。

③娑婆西方的離垢世界中，有關「四聖諦」的「名、義」計有「四百億十千」名之多。

④娑婆北方的真實境(實境界；豐樂)世界中，有關「四聖諦」的「名、義」計有「四百億十千」名之多。

⑤娑婆東北方的攝取(訶尼)世界中，有關「四聖諦」的「名、義」計有「四百億十千」名之多。

⑥娑婆東南方的饒益世界中，有關「四聖諦」的「名、義」計有「四百億十千」名之多。

⑦<u>娑婆</u>西南方的<u>鮮少</u>世界中，有關「四聖諦」的「名、義」計有「四百億十千」名之多。

⑧<u>娑婆</u>西北方的<u>歡喜</u>(知足)世界中，有關「四聖諦」的「名、義」計有「四百億十千」名之多。

⑨<u>娑婆</u>下方的<u>關閉</u>(離摶食；所求)世界中，有關「四聖諦」的「名、義」計有「四百億十千」名之多。

⑩<u>娑婆</u>上方的<u>振音</u>(解脫音)世界中，有關「四聖諦」的「名、義」計有「四百億十千」名之多。

於東、南、西、北方、四維、上、下，於百千億無數無量、無邊無等、不可數、不可稱、不可思、不可量、不可說，盡法界、虛空界、於所有世界中，有關「四聖諦」的「名、義」，計有「百億萬種」名之多，皆能隨眾生其心所應調伏，而作如是之說。

縱觀歷代對《華嚴經・四聖諦品》的解釋資料非常的少，最主要的還是以唐・<u>澄觀</u>撰《華嚴經疏鈔》為主，但在《華嚴經疏鈔會本・卷十二》中對〈四聖諦品〉其中 72 個「名相」有作解釋，其餘均無解釋；也就是只有解釋了 16% 的名相定義，有高達 84% 的名相都沒有進一步作詳細解釋了。筆者研究與講解《華嚴經》多年，已將〈四聖諦品〉440 個名相「定義」試著作出詳細註解，這當中當然不可能是 100 分而人盡滿意的，但至少筆者已開啟第一位「拋磚引玉」的努力，以供後人有參考的資料可引用。

在《大般涅槃經》卷 13〈聖行品 7〉中有一段「四聖諦」的重要經文，如云：

善男子！如是諸法，悉已(含)攝在「四聖諦」(之)中。(年輕的)<u>迦葉</u>菩薩復作是言：如是等法，若(已皆)在「四諦」(中而含攝)，如來何故唱言(而)不(早)說？

佛言：善男子！雖(諸法)復入(於四聖諦)中，猶不名(為能)說(盡完畢)？何以故？

善男子！(須)知「四聖諦」，有二種智：

一者「中」。

二者「上」。(例如《華嚴經》的「四聖諦品」，就是在講佛菩薩最「上等」的智慧)

中者：「聲聞、緣覺」(之)智，

上者：諸佛菩薩(之)智。

善男子！(若能了)知「諸陰苦」(五陰熾盛之苦)，(此則)名為「中智」(而已)。

(若能)分別「諸陰」，(具)有無量(之)相，悉(皆)是「諸苦」，(此又)非諸「聲聞、

> **「緣覺」所(能)知，(此)是名(諸佛菩薩之)「上智」。**
> **善男子！如是等義，我於(上述諸)彼經(中)，(究)竟(皆)不(能詳細)說(盡)之……**

從上述《大般涅槃經》的經文中可知「四聖諦」的深義是具有二種「智」的，一是「中等」的；屬於二乘之智，另一是「上等」的；「上等」的就是指諸佛菩薩之「智慧」。所以《華嚴經》的〈四聖諦品〉，其實就是在講佛菩薩最「上等」的智慧，難怪經文中共有 440 個有關「四聖諦」的「名、義」詮釋內容。

本書除了探討《華嚴經》第十二卷「四聖諦品」二種譯本的比對與解釋外，另也附上多篇與「四聖諦」有關的經文研究資料：

一、「人生共有一百一十種苦」的精彩解析。
二、《中論》的「四聖諦」義。
三、《大般涅槃經》的「四聖諦」義。
四、《勝鬘經》的「四聖諦」義。
五、《思益梵天所問經》的「四聖諦」義。

一、關於「人生共有一百一十種苦」內容，本書整理了二個譯本。
 ①唐‧玄奘(602~664)譯《瑜伽師地論‧卷四十四‧供養親近無量品》。
 ②北涼‧曇無讖(Dharma-rakṣa 385~433)譯《菩薩地持經‧卷七‧供養習近無量品》。

二、關於《中論》中「四聖諦」義，《中論》在〈觀四諦品第二十四〉中有論述「四聖諦」品的「緣起性空」之義，本書對此內容整理了《中論》的三個譯本。
 ①南印度僧龍樹撰《中論》。姚秦‧鳩摩羅什(Kumāra-jīva，344~413)譯。
 ②南印度僧清辨(Bhāvaviveka 約 6 世紀人)撰《般若燈論》。唐‧中印度僧波羅頗密多羅(Prabhā-karamitra，565~633)譯。
 ③南印度僧安慧(Sthiramati，510-570)撰《大乘中觀釋論》。北宋‧惟淨譯。第十四品之後改由趙宋‧印度僧法護(Dharma-pāla)譯。

三、關於《大般涅槃經》中「四聖諦」義，本書整理了三個譯本的經文比對。
 ①北涼‧曇無讖譯《大般涅槃經‧卷七》與《卷第十二‧聖行品第七之二》。
 ②劉宋‧慧嚴、慧觀、謝靈運彙整《大般涅槃經‧卷六》。

③東晉‧法顯、佛陀跋陀羅、寶雲共譯《佛說大般泥洹經‧卷五》。

四、關於《勝鬘經》中「四聖諦」義，本書整理了二個譯本的經文比對。
①劉宋‧求那跋陀羅譯《勝鬘師子吼一乘大方便方廣經》。探討「四聖諦」的
　內容散布在《法身章第八》、《空義隱覆真實章‧第九》、《一諦章‧第十》、
　《一諦章‧第十一》、《顛倒真實章、第十二》。
②唐‧菩提流志譯《大寶積經‧卷第一百一十九‧勝鬘夫人會第四十八》。

五、關於《思益梵天所問經》中的「四聖諦」義，本書整理了三個譯本的經文
　比對。
　①西晉‧竺法護譯《思益梵天所問經‧卷一‧解諸法品四》。
　②姚秦‧鳩摩羅什譯《勝思惟梵天所問經‧卷二》。
　③北魏‧菩提流支譯《勝思惟梵天所問經‧卷二》。

　　以上是本書所另加附有關「四聖諦」的相關經文內容。佛陀在《華嚴經》
中宣講的「四聖諦」內容，經文後面有說：**於東、南、西、北方、四維、上、
下，於百千億無數無量、無邊無等、不可數、不可稱、不可思、不可量、不
可說，盡法界、虛空界、於所有世界中，有關「四聖諦」的「名、義」，計有「百
億萬種」名之多，皆能隨眾生其心所應調伏，而作如是之說。**

　　所以看似已經很多了，其實也只是如「**手中葉**」般如此的「渺少、微細」而
已！因為「佛智」乃深不可測、《藏經》如大海，佛所留下來的「文字法義」對
眾生能適應的「根器」來說；只如「**手中葉**」一點點而已，誠如《雜阿含經‧卷
十五》中的一段經文云：

> **爾時，世尊手把「樹葉」，告諸比丘：**(我)**此「手中葉」為多耶？**(還是)**「大林
> 樹葉」為多？**
> **比丘白佛：世尊！「手中樹葉」**(確定是)**甚少**(的)**，彼「大林」中「樹葉」**(乃是)**無
> 量**(無邊)**，**(為)**百千億萬倍，乃至「算數譬類」**(皆)**不可為比。**
> **如是，諸比丘！我成等「正覺」**(後)**，自所見**(之諸)**法，**(其中有)**為人「定說」**(決
> 定宣說的法義內容)**者，**(僅)**如「手中樹葉」**(而已)**。所以者何？**
> **彼**(有關)**「法義」**(的)**饒益、「法」**(的)**饒益、「梵行」**(的)**饒益、**(及)**明、慧、正覺、
> 向於「涅槃」**(等諸法義)**，**(皆)**如「大林樹葉」**(之無量無邊)**。**
> **如我成等「正覺」**(後)**，**(於)**自**(所)**知**(的所有)**「正法」，**(其有)**所「不說」者，亦復如

是(有如「大林樹葉」之多)。

又如《大般涅槃經・卷十三・聖行品》中也有相同的經文內容云：

爾時如來取其「樹葉」告諸比丘：我今手中所捉(的)「葉」多？(還是)一切(如)
　　因(大)地(所生的)草木「葉」多？
諸比丘言：世尊！一切(如)因(大)地(所生的)草木「葉」多，(乃)不可稱計，(而)如
　　來(手中)所捉(之葉)，(稀)少(而)不足言。
諸比丘！我所覺了(的)一切諸法，(有)如因大地(所)生「草木」等(之多)，(而)為
　　諸眾生所宣說者，(僅只)如手中(之)葉(一點點而已)。

最後祈望這本著作：《華嚴經》四聖諦品與人生一百一十種苦解析(全彩
版)，能帶給更多後人來研究《華嚴經》〈四聖諦品〉440個不同的「名、義」
精彩內容。末學在教學繁忙之餘，匆匆撰寫，錯誤之處，在所難免，猶望諸
位大德教授，不吝指正，爰聊綴數語，以為之序。

公元 2023 年　12 月 12 日　果濱序於土城楞嚴齋

目錄

《華嚴經》四聖諦品
與人生一百一十種苦解析

（全彩版）

附：人生有一百一十種苦解析

《中論》的「四聖諦」義。

《大般涅槃經》的「四聖諦」義。

《勝鬘經》的「四聖諦」義。

《思益梵天所問經》的「四聖諦」義。

--果濱‧編撰

第一、《華嚴經》與四聖諦略說

一、《大方廣佛華嚴經》略介

《華嚴經》，全名為《大方廣佛華嚴經》(Mahāvaipulya Buddhāvataṃsaka Sūtra)，

《大方廣佛華嚴經》，梵語的組合是：
「大方廣」(mahā-vaipulya)
「佛陀」(buddha)
「華嚴」(avataṃsaka)
所以全名為：
屬於大方廣(mahā-vaipulya，大乘)的，
用花莊嚴(avataṃsa)佛陀(buddha)的經典。

大→即「包含」之義。
方→即「軌範」之義。
廣→即「周遍」之義。總說一心法界之體用，廣大而無邊，故稱為「大方廣」。
佛→即能證入「大方廣」窮窮無盡「不可思議」法界者。
華(花)→即成就「萬德圓備」果體之「因行」的一種譬喻。
嚴→即開演「因位」之「萬行」，以「嚴飾」(莊嚴校飾)佛果之深義，合稱為「佛華嚴」。
經→能詮釋的一種「言教」。

「佛陀華嚴」義爲用「華」(花的古字，讀音、意義等同「花」)去「裝扮、嚴飾」於佛陀的意思。

「華嚴」的梵語為 avataṃsa、或作 avataṃsaka，意指「王冠、花鬘、耳環」之類的「環狀」裝飾品，所以可以引申為「雜華嚴飾、莊嚴美麗」之意。

所以《華嚴經》又被名為《雜華經》。如下證據：

唐・法藏撰《華嚴經探玄記・卷一》
喻名者，依《涅槃經》及《觀佛三昧經》名，此經為《雜華經》，以「萬行」交飾緣起集成，從喻標名，猶「雜華」耳。

《佛說觀佛三昧海經》卷 9
我(於最)初「成道」(之時)，(於)摩伽陀國(的)「寂滅道場」(中)，為普賢、賢首等諸大菩薩(開演甚深法義)，(此)於《雜華經》(中)已廣(作)分別(解說)。(所以於)此尊「法」中，所以「略

説」(即可)。

《大般涅槃經》卷 18

諸佛菩薩「修集」是(布)施(一法)，(而成就)為「涅槃」(之)因。(菩薩)我亦如是「修集」布施(一法)，(作)為(將來成就)「涅槃」(之)因，(此布施一法)廣説如(於) 《雜花》 (《華嚴經》)中(所説)。

《大般涅槃經》卷 20

(阿闍世)大王！從今已往，常當勤修「菩提之心」。何以故？從是(修菩提心之)因緣，當得(能)消滅「無量惡」故。

爾時，阿闍世王，及摩伽陀(magadha)舉國人民，從座而起，繞佛三匝，辭退還(回於本)宮。(《大般涅槃經》中的)「天行品」(其某些法義內容)者，(皆)如 《雜花》 (《華嚴經》中已廣)説。

《大般涅槃經》卷 21

善男子！如「婆羅門」(種)，(在)值(遇)穀(米發生)「勇貴」(勇→古同「湧、涌」。涌漲暴貴)，為(了能延續自己的)壽命故，(只好去)食噉「狗肉」(也算是一種「活」下來的方式啊)。菩薩摩訶薩修「大涅槃」，行於「布施」(能在眾生退無可退、走投無路時，為眾生找出一條出路)，亦復如是。

善男子！(於)「大涅槃」中(有)如是之事，從「無量劫」來，(能於所)不(能)聞(之法)而(得)聞(之)，

(例如有關)「尸羅」(戒律一法)、(與)「尸羅」(之)波羅蜜(法)，

乃至(有關)「般若」(一法)、(與)「般若」(之)波羅蜜(法)。

(一個是「有相」的戒律與般若，一個是「無相」的戒律與般若)

(此)如佛(於) 《雜花經》 (《華嚴經》)中(已)廣説。

Mahāvaipulya	Buddhāvataṃsaka	Sūtra
Mahā-vaipulya	Buddha+avataṃsaka	Sūtra
(大　　方廣	佛陀　華嚴	經)
(大　　方廣	佛　華嚴	經)

《雜花經》的「雜」字可解為為「繁複、華美」的意思，所以比較完整的稱呼是「佛華嚴」或「佛陀華嚴」，後來就簡化為「華嚴」二個字。

「佛華嚴」三個字可彰顯「佛國境界」之「一即一切；一切即一」的「事事無礙莊嚴」境界，亦可指《華嚴經》中所描敘「蓮華藏世界」(華藏世界：毘盧遮那佛淨土)之「不可思議」勝景。

《華嚴經》可說是大乘佛教的最重要的經典之一，本經開演「菩薩之萬行」，用此「萬行」之花，嚴飾(莊嚴校飾)「佛果」境界的最高深義，又稱為「**佛華嚴**」。

《華嚴經》是<u>釋迦牟尼</u>佛於菩提樹下「成道」後之第「二七日」，在「禪定」當中為<u>文殊</u>、<u>普賢</u>等大菩薩顯現「無盡法界、自內證境界」時所宣講的法義，《華嚴經》內容也被稱作教內法門中之「根本法輪」，故稱「稱性本教」。

《華嚴經》也被認為是佛教中最為浩瀚廣博完整的「世界觀」經典。「華嚴宗」學人則依據本經，立了「法界緣起、事事無礙」等義為宗旨。

二、三種《華嚴經》譯本的介紹

　　《華嚴經》最初傳到中國比較完整的是由東晉・廬山慧遠的弟子支法領（公元392年與法淨等共遊西域求法），他在于闐國獲得了《華嚴》「梵文」的略本，計有三萬六千偈，但未經翻譯。再根據《佛祖統紀》的記載，在東晉・義熙十四年（公元418年），一位來到漢地的印度佛學家佛馱跋陀羅（譯云覺賢），他在漢地寺內道場中將此《華嚴經》的「梵本」譯出，通稱為「晉譯」本《六十華嚴》。

　　到了唐代，武則天推崇大乘佛法，對於「晉譯本」《六十華嚴》的「處、會」均未有周全，又聽說于闐國尚有其梵本，便遣使求之。

　　（其實「六十華嚴」與「八十華嚴」的梵本均已失傳，只有「四十華嚴」在十九世紀的英國劍橋大學仍可找到其梵本，所以目前比較可靠的《華嚴經》本是中國傳譯的六十、八十、四十華嚴。詳方東美著《華嚴哲學・上冊》台北：黎明文化，1992，p.11）

　　後來于闐國便遣實叉難陀來到洛陽，其所帶來的「梵本」《華嚴經》比「晉譯本」增加了「九千多頌」，當時武則天即下令，由實叉難陀將「八十卷」的《華嚴經》譯成漢文。到了中唐時，唐德宗收到了南印度一小國進貢的「四十卷」《華嚴經》的「梵文」，於是詔請北印度 罽賓國的般若三藏主譯，此即「四十華嚴」。

　　《華嚴經》的〈淨行品〉、〈十地品〉、〈十迴向品〉、〈如來出現品〉、〈離世間品〉、〈入法界品〉等，在大乘的「論典」中得到頻繁的引用，這也表明《華嚴經》在印度相當的流行，也得到印度大乘「論師」的重視。

　　弘一大師曾說，可誦《八十華嚴經》，讀到第59卷「離世間品」後，接著念《四十華嚴》共40卷，這樣前後總共99，就是最完整的《華嚴經》讀誦本了。

　　個人建議，我們應該要保持經文的「原譯性、真實性」，不要任意把它給「斷開、補貼」。所以強烈「建議」，只需完整讀誦《六十》、或《八十》、或《四十》的《華嚴經》，不必特意「提倡」99《華嚴經》的「說法」！

　　「祖師」的說法，我們「尊重」即可，我們應該要弘揚「原譯」的「完整經文」才是「如法」的！

三本《華嚴經》，不含「標點符號」，總字數為：

$$496388+590320+258000=約 \; 134 \; 萬 \; 4 \; 千多字$$

《六十華嚴》 又稱為「舊經」 或稱《晉譯華嚴》 約 49 萬字 (不含標點符號)	東晉・佛馱跋陀羅譯 (Buddhabhadra 359~429) 公元 421 年譯出。 ➡距今 2023 年。 《六十華嚴》已超過 1600 年了。	原《下本經》十萬偈頌之「前分三萬六千偈」。 共三十四品，七處八會。
《八十華嚴》 又稱為「新經」 或稱為《唐譯華嚴》、《新華嚴》 約 59 萬字 比六十華嚴多出不到 10 萬字 (不含標點符號)	唐・實叉難陀譯 (Śikṣānanda 652~710) 公元 699 年譯出。 ➡距離《六十華嚴》已有 278 年了。 ➡距今 2023 年。 《八十華嚴》已超過 1300 年了。	原《下本經》十萬偈頌之「前分四萬五千偈」。 共三十九品，七處九會。
《四十華嚴》 約 25 萬字 (不含標點符號)	唐・般若譯 (prajñā 734~？) 公元 789 年譯出。 ➡距離《六十華嚴》已有 368 年了。 ➡距離《八十華嚴》只有 90 年了。	僅「入法界品」一品。今皆收於《六十華嚴》及《八十華嚴》之最後一品。此「入法界品」佔《華嚴經》四分之一以上。

建議：可以「拜完」或「誦完」八十《華嚴經》後，再加拜，或加誦六十《華嚴經》！

這樣就可以「圓滿」108 萬拜的「拜經心願」或「誦經心願」了！

而且保證絕無灌水的！

大方廣佛華嚴經

于闐國三藏實叉難陀奉· 制譯

無「標點符號」

去掉「卷名、品名」
重複的「作者」譯名
590320字。
約59萬字。

如是我聞
一時佛在摩竭提國阿蘭若法菩提場中始
其地堅固金剛所成
上妙寶輪及眾寶花清淨摩尼以為嚴飾諸色相海無邊顯現
摩尼為幢常放光明恒出妙音眾寶羅網妙香花縷周匝垂布摩尼寶王變現自在雨無盡寶
及眾妙華分散於地寶樹行列枝葉光茂
佛神力故令此道場一切莊嚴於中影現其菩提樹高顯殊特
金剛為身瑠璃為幹眾雜妙寶以為枝條寶葉扶疎垂蔭如雲寶花
而為其果含暉發焰與花間列

八十《華嚴經》

《華嚴經》是經王嗎？正確答案：可說[是]，也可說[不是]-2022 年果濱講於二楞講堂
https://drive.google.com/file/d/1GD1MkkReXWRFbS01u3iSOVMJI-
OPx1sw/view?usp=sharing

[華嚴經]&[大般涅槃經]&[大般若波羅蜜多經]字數揭密-2022 年果濱講於二楞講堂
https://drive.google.com/file/d/17PpkM-
e8kSK1njd_bvr8XbvTRDY3Cby9/view?usp=sharing

六十華嚴經

大方廣佛華嚴經卷第一

東晉天竺三藏佛馱跋陀羅譯

世間淨眼品第一之一

如是我聞 一時佛在摩竭提國寂滅道場始成正覺其......寶雜華以為莊飾上妙滿清淨無量妙色種種莊嚴猶如大海寶幢幡蓋光明照耀妙香華鬘周......爾覆其上雨無盡寶顯現諸雜寶樹華葉光茂佛神力故令此場地廣博嚴淨光明普照一切奇特......根莊嚴道場其菩提樹高特清淨瑠璃以為其幹妙寶枝條莊嚴清淨寶葉垂布猶如重雲雜色寶......摩尼以為其果樹光普照世界種種現化施作佛事不可盡極普現大乘菩薩道教佛神力故常出一切眾妙之音讚揚如來無量功德不可思子之座猶如大海眾妙寶華而為嚴飾流光如雲周遍普照無數菩薩大海之藏大音遠震不可思議如來光明逾摩彌覆其上種種變化施作佛事一切悉覩無所罣礙於一念頃一切現化充滿法界如來妙藏無不遍至無量眾寶莊

字數統計
頁數　　　212
字數　　496,338
字元數(不含空白)　496,362
字元數(含空白)　497,157
段落數　　5
行數　　10,581
半形字　　8
全形字　　496,330

496388字
約49萬字

大方廣佛華嚴經 (四十華嚴)

罽賓國三藏般若奉　詔譯

注意：有包含「造字組合」的字在內的

例如

[(阿-可)*(山/(峻-山))]

字數統計
頁數　　　272
字數　　258,328
字元數(不含空白)　258,363
字元數(含空白)　268,219
段落數　　742
行數　　9,498
半形字　　391
全形字　　257,937

258328
扣掉造字
大約25萬多字

大方廣佛華嚴經卷第一

入不思議解脫境界普賢行願品

如是我聞一時佛在室羅筏城逝多林給孤獨園大莊嚴重閣與菩薩摩訶薩五千人俱普賢菩薩摩訶薩文殊師利菩薩摩訶薩而為上首其名曰智慧勝智菩薩普賢勝智菩薩無著勝智菩薩華勝智菩薩日勝智菩薩月勝智菩薩無垢勝智菩薩金剛勝智菩薩無塵勞勝智菩薩毘盧遮那勝智菩薩星宿幢菩薩須彌幢菩薩寶勝幢菩薩無礙幢菩薩華幢菩薩無垢幢菩薩日幢菩薩妙幢菩薩離塵幢菩薩毘盧遮那幢菩薩地威德光菩薩寶威德光菩薩

三、四聖諦的簡介

(一)**苦**諦(duḥkha-satya)，「**苦**」泛指「逼迫身心苦惱」之狀態。審實世間事物，不論「有情、無情」，悉皆為苦；亦即對「人生」及「環境」所作之價值判斷，認為世俗之一切，本質皆苦。「苦諦」即關於「生死實是苦」之真諦。

　　①苦苦：duḥkha-duḥkhatā。凡是活在三界中的「有情」眾生，其身心本來即是苦，皆活在「非可意、非可樂、非可愛」的「苦受法」中，更加以「飢渴、疾病、風雨、勞役、寒熱、刀杖」等「眾苦之緣」所生之苦，將逼惱「身心」發生更加的「苦劇」，故稱為「苦苦」。

　　②壞苦：vipariṇāma-duḥkhatā，又譯作「變異苦」。凡是活在三界中的「有情」眾生，對於所愛之「人、事、物」，因發生「死亡、意外、突然、壞滅、消失」等種種變化，因此生起痛苦的感受。將逼惱「身心」發生更加的「苦劇」，故稱為「壞苦」。有時身體中「地、水、火、風」四大，發生「互侵、互壞」之痛苦時，也可稱為是一種「壞苦」。

　　③行苦：saṃskāra-duḥkhatā。又譯作「一切行苦」。「行」是指「遷流」義。因這世間所有一切的「有為、造作、有漏」之法，皆會發生「遷流不息」與「剎那無常」的現象。當眾生見到「諸法無常」時，將逼惱「身心」發生更加的「苦劇」，故稱為「行苦」。

(二)**集**諦(samudaya-satya)，「**集**」即「招聚」之義。審實一切煩惱惑業，實能「招集」三界生死苦果。「集諦」即關於世間人生「諸苦之生起」及其「根源」之真諦。

(三)**滅**諦(nirodha-satya)，「**滅**」即「寂滅」。審實斷「除苦」之根本--欲愛，則得「苦滅」，可入於「涅槃」之境界。「滅諦」即關於滅盡「苦、集」之真諦。

(四)**道**諦(marga-satya)，「**道**」即「能修、能通之道」義。審實「滅苦」之道，原義是指「正見、正思惟」等八正道。若依此而修行，則可超脫「苦、集」二諦，達到「寂靜涅槃」之境。「道諦」即關於「八正道」之真諦。

四、四聖諦的異稱

汝應知	汝應斷	汝應證	汝應修
苦	集	滅	道
苦聖諦	苦集聖諦	苦滅聖諦	苦滅道聖諦
苦聖諦	苦習諦	苦滅諦	苦滅道聖諦
苦諦	苦集諦	苦盡諦	苦出要諦
苦聖諦	集聖諦	真聖諦	道聖諦

佛陀三轉四諦之法輪：

(一)示轉：指示「**此是苦，此是集，此是滅，此是道**」。

(二)勸轉：勸示「**此是苦，汝應知；此是集，汝應斷；此是滅，汝應證；此是道，汝應修**」。

(三)證轉：證示「**此是苦，我已知，不復更知；**

　　　　　　此是集，我已斷，不復更斷；

　　　　　　此是滅，我已證，不復更證；

　　　　　　此是道，我已修，不復更修」。

五、四聖諦的圖解

　(見；知)**苦諦**……生死➡**集的結果**（果）。
　　(斷)**集諦**……業惑➡**苦的原因**（因）。
　　(證)**滅諦**……涅槃➡**修道目標**（果）。
　　(修)**道諦**……法門➡**斷證工具**（因）。

苦諦➡人生問題
集諦➡緣起問題 }······➡現實界
滅諦➡證悟問題
道諦➡修養問題 }······➡理想界

❻或言（遭受如）「刺」（般的苦報），

❻或名（遭受如受）「刺」（般的苦報），

❼或言（遭受）「依根」（依於六根所遭受的苦報），

❼或名（遭受）「依根」（依於六根所遭受的苦報），

❽或言（遭受如）「不實」（的苦報），

❽或名（遭受如）「虛誑」（不實的苦報），

❾或言（遭受如）「癩」（癩疽惡瘡→喻苦苦），

❾或名（遭受如）「癩瘡」（癩疽惡瘡）處（般的苦報→喻苦苦），

❿或言（遭受如）「童蒙」（之）行（的苦報→喻行苦）。

❿或名（遭受如）「愚夫」（之）行（的苦報→喻行苦）。（以上十種有關「苦」的定義，唐・澄觀撰《華嚴經疏鈔會本・卷十二》中皆有作解釋）

　　（貳）所說「苦集」諦者，

　　（貳）諸佛子！「苦集」聖諦，（於）此娑婆世界中，

①或言（如燃燒巨）火（般被繫縛的惡業聚集），

①或名（招引被）「繫縛」（的惡業聚集），

②或言（招引）能（滅）壞（善法的惡業聚集），

②或名（招引會）「滅壞」（善法的惡業聚集），

③或言（招引會令人生執）受（之）義（的惡業聚集），

③或名（招引會令人生）「愛著」（之）義（的惡業聚集），

④或言（招引種種妄）覺（邪念的惡業聚集），

④或名（招引種種）「妄覺」（邪）念（的惡業聚集），

⑤或言「方便」（招引令趣入惡道的罪業聚集），

⑤或名（招引令）「趣入」（惡道的罪業聚集），

⑥或言「決定」（業力的惡業聚集），

⑥或名（招引）「決定」（業力的惡業聚集），

⑦或言（招引如羅）網（般的惡業聚集），

⑦或名（招引如羅）網（般的惡業聚集），

⑧或言（招引惡）念（的罪業聚集），

⑧或名（招引）「戲論」（謔戲惡論的罪業聚集），

⑨或言（招引將隨）順眾生（諸行的惡業聚集），

⑨或名（招引）隨（作隨）行（的惡業聚集），

⑩或言(招引令生)「顛倒」(之)根(的惡業聚集)。	⑩或名(招引令生)「顛倒」(之)根(的惡業聚集)。 (以上十種有關「集」的定義，唐·澄觀撰《華嚴經疏鈔會本·卷十二》中只對「繫縛、滅壞」二個有作解釋)
㈢所說「苦滅」諦者，	㈢諸佛子！「苦滅」聖諦，(於)此娑婆世界中，
⑴或言「無障礙」，	⑴或名「無諍」，
⑵或言「離垢淨」，	⑵或名「離塵」，
⑶或言「寂靜」，	⑶或名「寂靜」，
⑷或言「無相」，	⑷或名「無相」，
⑸或言「不死」(不生、不死沒)，	⑸或名「無沒」(無生、無死沒)，
⑹或言「無所有」(無有「真實可得」之自體性)，	⑹或名「無自性」(無有「真實可得」之自體性)，
⑺或言「因緣斷」(於種種障礙因緣已斷)，	⑺或名「無障礙」，
⑻或言(寂)「滅」，	⑻或名(寂)「滅」，
⑼或言「真實」，	⑼或名「體真實」，
⑽或言「自然」(無為之)住。	⑽或名住(於無為之)「自性」。 (以上十種有關「滅」的定義，唐·澄觀撰《華嚴經疏鈔會本·卷十二》中只對「無諍、住自性」二個有作解釋)
㈣所說「苦滅道」諦者，	㈣諸佛子！「苦滅道」聖諦，(於)此娑婆世界中，
㈠或言(修習)「一乘」(之道)，	㈠或名(修習)「一乘」(之道)，
㈡或言(修習能)趣(向)「寂靜」(之道)，	㈡或名(修習能)趣(向)寂(滅之道)，

㈢或言(修習能獲)「引導」(之道)，

㈣或言(修習)「究竟希望」(之道)，

㈤或言(修習恒)常「不離」(之道)，

㈥或言(修習)能捨(煩惱重)擔(之道)，

㈦或言(修習能)至「非趣」(之道)，

(非趣＝無所趣＝究竟之彼岸)

㈧或言(修習能隨)聖人(而)「隨行」(之道)，

㈨或言(修習)「仙人」行(之道)，

㈩或言(修習)「十藏」(之道)。

(十無盡藏：信藏、戒藏、慚藏、愧藏、聞藏、施藏、慧藏、念藏、持藏、辯藏)

　㈤諸佛子！(於)此娑婆世界中，如是等(之)「四諦名字」，(計)有「四十億」百千「那由他」(之名)，(皆)隨諸眾生，(心)所應調伏，(而)作如是說。

㈢或名(修習能獲)「導引」(之道)，

㈣或名(修習)「究竟無分別」(之道)，

㈤或名(修習)「平等」(之道)，

㈥或名(修習能)捨(煩惱重)擔(之道)，

㈦或名(修習能至)「無所趣」(之道)，

(非趣＝無所趣＝究竟之彼岸。

如《華嚴經·卷十五·金剛幢菩薩十迴向品》云：知法如空，究竟得至「非趣」彼岸)

㈧或名(修習能)隨「聖意」(之道)，

㈨或名(修習)「仙人」行(之道)，

㈩或名(修習)「十藏」(之道)。

(十無盡藏：信藏、戒藏、慚藏、愧藏、聞藏、施藏、慧藏、念藏、持藏、辯藏)

(以上十種有關「道」的定義，唐·澄觀撰《華嚴經疏鈔會本·卷十二》中只對「十藏」一個有作解釋)

　㈤諸佛子！(於)此娑婆世界(中)說「四聖諦」(時)，有如是等「四百億」十千名；(皆)隨眾生心，悉令調伏。

(以上有關在娑婆世界中對「苦集滅道」的解釋共有四十個定義，唐·澄觀撰《華嚴經疏鈔會本·卷十二》中對其中「十五個名相」有作解釋)

「四十億」百千＝四十億個「百千」＝四十億個「十萬」。
「四百億」十千＝四百億個「十千」＝四百億個「一萬」。

十二-2 有關「四聖諦」有種種不同的「名、義」；於娑婆世界之東的密訓世界中，計有「四百億」十千名之多，皆能隨眾生其心所應調伏，而作如是之説

東晉・佛馱跋陀羅譯 六十《華嚴經・四諦品》	唐・實叉難陀譯 八十《華嚴經・四聖諦品》
(文殊師利菩薩云：)	(文殊師利菩薩云：)
諸佛子！如(於)「娑婆世界」(中)所稱「苦」諦，於密訓世界(中)，	諸佛子！(於)此娑婆世界(中)所言「苦」聖諦者，(於)彼密訓世界中，
❶或名「求根」(營求「諸根貪愛」所遭的苦報)，	❶或名「營求根」(營求「諸根貪愛」所遭的苦報)，
❷或名(遭受)不可「出」(離的苦報)，	❷或名(遭受)不「出離」(的苦報)，
❸或名「不縛根」(不能「繫縛諸根而令不受苦」報)，	❸或名(遭受被)「繫縛」(根)本(的苦報)，
❹或名作(了)「不應作」(的惡事苦報)，	❹或名作(了)所「不應作」(的惡事苦報)，
❺或名(遭受)一切(皆)「不實」(的惡事苦報)，	❺或名(遭受)「普鬥諍」(的苦報)，
❻或名(遭受)「分別」(而)贏弢(弱)， (於所有能分別能分析的諸事，皆遭「贏弱無力」的苦報)	❻或名(遭受)「分析」(而)悉「無力」， (於所有能分別能分析的諸事，皆遭「贏弱無力」的苦報)
❼或名(於各種)「處所」(獲得苦報的)成就，	❼或名(遭受所)作(而得其)「所依」(的苦報)，
❽或名(為遭受)「第一害」(的苦報)，	❽或名(遭受)「極苦」(的報應)，
❾或名(遭受踩)「動」(的苦報)，	❾或名(遭受)「躁動」(的苦報)，
❿或名(遭受)「身事」(色身呈現出「不吉祥事狀」的苦報)。	❿或名(色身遭受呈現出種種不吉祥)「形狀物」(的苦報)。
	(以上十種有關「苦」的定義，唐・澄觀撰《華嚴經疏鈔會本・卷十二》中只對「分析無力、形狀物」二個有作解釋)

⑩所名「苦集」諦者，

①或名「受」(到各種生死惡業的聚集)，

②或名(招引染著分)「枝」(的惡業聚集)，
　(支=枝)

③或名(招引焚)燒(焚熾然的惡業聚集)，

④或名(招引)「堅固」(的惡業聚集)，

⑤或名(招引)「壞根」(敗壞諸根的惡業聚集)，

⑥或名(招引)「相續」(輪迴於三界諸有的惡業聚集)，

⑦或名(招引)「害行」(違害罪行的惡業聚集)，

⑧或名(招引於善法)「喜忘」(喜好遺忘的惡業聚集)，

⑨或名(招引各種)「生元」(生病根元的惡業聚集)，

⑩或名(招引各種)「分」(分類數量；分部數量)。

㊂所名「苦滅」諦者，

⑴或名「正義」，

⑵或名「堅固」，

⑶或名「讚歎」，

㊀諸佛子！所言「苦集」聖諦者，(於)彼密訓世界中，

①或名(招引能)順「生死」(的惡業聚集)，

②或名(招引)「染著」(的惡業聚集)，

③或名(招引各種)「燒然」(焚燒熾然的惡業聚集)，

④或名(招引)「流轉」(生死的惡業聚集)，

⑤或名(招引)敗壞(諸)根(的惡業聚集)，

⑥或名(招引相)續(輪迴於三界)諸有(的惡業聚集)，

⑦或名(招引各種)「惡行」(的罪業聚集)，

⑧或名(招引各種)「愛著」(的惡業聚集)，

⑨或名(招引生)病(本)源(的惡業聚集)，

⑩或名(招引各種)「分數」(分類數量的惡業聚集)。
(以上十種有關「集」的定義，唐‧澄觀撰《華嚴經疏鈔會本‧卷十二》中只對「病源」一個有作解釋)

㊂諸佛子！所言「苦滅」聖諦者，(於)彼密訓世界中，

⑴或名「第一義」，

⑵或名「出離」，

⑶或名「可讚歎」，

⑷或名「安隱」，	⑷或名「安隱」，
⑸或名「善趣」，	⑸或名(為)善(趣之)入處，
⑹或名「調伏」，	⑹或名「調伏」，
⑺或名「一道」(無「二」之道的「一眞」境界)，	⑺或名「一分」(無「二」之分的「一眞」境界)，
⑻或名「離煩惱」，	⑻或名「無罪」，
⑼或名「不亂」，	⑼或名「離貪」，
⑽或名「究竟」。	⑽或名「決定」。
	(以上十種有關「滅」的定義，唐·澄觀撰《華嚴經疏鈔會本·卷十二》中只對「一分」一個有作解釋)
㈣所名「苦滅道」諦者，	㈣諸佛子！所言「苦滅道」聖諦者，(於)彼密訓世界中，
㈠或名(修習心如)「猛將」(勇猛戰將之道)，	㈠或名(修習心如)「猛將」(勇猛戰將之道)，
㈡或名(修習)「不沒」(不下沒之道)，	㈡或名(修習)「上行」(往上前行而不下沒)，
㈢或名(修習能)「超出」(之道)，	㈢或名(修習能)「超出」(之道)，
㈣或名勤(修習)「方便」(之道)，	㈣或名(修習)有「方便」(之道)，
㈤或名(修習)「普眼」(普遍平等眼之道)，	㈤或名(修習)「平等眼」(之道)，
㈥或名(修習)「離邊」(遠離兩邊之道)，	㈥或名(修習)「離邊」(遠離兩邊；遠離邊見之道)，
㈦或名(修習)「覺悟」(之道)，	㈦或名(修習)「了悟」(之道)，
㈧或名(修習能)得妙(悟之道)，	㈧或名(修習能)「攝取」(之道)，

(九)或名(修習獲最殊勝的)「無上目」(之道)， (十)或名(修習)「觀方」(觀四方之道)。	(九)或名(修習獲)「最勝眼」(之道)， (十)或名(修習)「觀方」(觀四方之道)。 (《大般涅槃經・卷三十二》云： 第五人者，入已即沈，沈已便出，出已即住，住已觀方，觀已即去。 觀方指「觀四方」，喻沙門初果到四果，亦可喻爲聲聞人所修的四聖諦) (以上十種有關「道」的定義，唐・澄觀撰《華嚴經疏鈔會本・卷十二》中只對「上行、觀方」二個有作解釋)
(五)諸佛子！(於)彼(於「娑婆世界」東方的)密訓世界(中)，(有)如是等「四諦」名字，有「四十億」百千「那由他」，(皆)隨諸眾生，(其心)所應調伏，(而)作如是說。	(五)諸佛子！(於「娑婆世界」東方的)密訓世界(中)說「四聖諦」，有如是等「四百億」十千名；(皆)隨眾生心，悉令調伏(之)。 (以上有關在密訓世界中對「苦集滅道」的解釋共有四十個定義，唐・澄觀撰《華嚴經疏鈔會本・卷十二》中對其中「六個名相」有作解釋)

卍關於「苦」有 110 種的經論解釋

人生有 110 種苦的詳細解說-2022 年果濱講於二楞講堂
https://drive.google.com/file/d/1eKVlTkJ4o6dGpp8EmauGJrMf5Uqel6Yr/view?usp=share_link

<u>彌勒講述</u>;<u>無著記</u>;唐·<u>玄奘</u>(602~664)譯《瑜伽師地論》卷 44〈16 供養親近無量品〉

菩薩於「有情」(眾生)界，觀見(有)「一百一十種」苦(110 種之苦)，(菩薩)於諸「有情」(眾生則)修「悲」無量，何等名為「百一十」苦(110 種之苦)？

謂有「一苦」❶：依無差別(的)「流轉」之苦，一切有情(眾生)無不皆墮「流轉」(之)苦故。

復有「二苦」❷❸：

一、(由)「欲」為根本(之)苦：謂(於)「可愛事」若(生)變(異)、若(生毀)壞所生之苦(此喻→壞苦)。

二、(由)「癡」(的)異熟(果所)生(之)苦：謂若(有某事或某物發生的太過於)「猛利」(或者是「突然的發生」)，(身)體受所觸(之感)，即於自體執「我、我所」，(因)「愚癡」(而)迷悶，(故)生極「怨嗟」(怨恨嗟嘆)。由是因緣(而)受二箭(之)「受」，謂「身箭受」及「心箭受」。

復有「三苦」❹❺❻：

一、「苦」苦。

(苦苦：duḥkha-duḥkhatā。凡是活在三界中的「有情」眾生，其身心本來即是苦，皆活在「非可意、非可樂、非可愛」的「苦受法」中，更加以「飢渴、疾病、風雨、勞役、寒熱、刀杖」等「眾苦之緣」所生之苦，將逼惱「身心」發生更加的「苦劇」，故稱為「苦苦」)

二、「行」苦。

(行苦：saṃskāra-duḥkhatā。又譯作「一切行苦」。「行」是指「遷流」義。因這世間所有一切的「有為、造作、有漏」之法，皆會發生「遷流不息」與「刹那無常」的現象。當眾生見到「諸法無常」時，將逼惱「身心」發生更加的「苦劇」，故稱為「行苦」)

三、「壞」苦。

(壞苦：vipariṇāma-duḥkhatā，又譯作「變異苦」。凡是活在三界中的「有情」眾生，對於所愛之「人、事、物」，因

發生「死亡、意外、突然、壞滅、消失」等種種變化，因此生起痛苦的感受。將逼惱「身心」發生更加的「苦劇」，故稱為「壞苦」。有時身體中「地、水、火、風」四大，發生「互侵、互壞」之痛苦時，也可稱為是一種「壞苦」）

復有「四苦」❼❽❾❿：

一、「別離」苦：謂(與獲得)「愛別離」所生之苦。

二、「斷壞」苦：(色身受種種斷滅、斷壞而死，然後再重新投生轉世，又重再受苦)

謂由(於)棄捨「眾同分」(之)死(後，又獲再)所(重)生之苦。

(眾同分 nikāya-sa-bhāga。指眾生的「共性」或「共因」，即眾多有情眾生所具有的「同類之性」，或指有情眾生皆能獲得「同等類似的果報之因」。有生，必有死，這是眾生的「共同、同類」性質，就是「眾同分」的意思)

三、「相續」苦：謂從此後(將)數ㄕㄨㄛˋ數(於)死生(輪迴)，展轉「相續」所生之苦。

四、「畢竟」苦：(將)謂(決)定無有(能獲得)「般涅槃」(之解脫)法，諸有情(眾生)類，(將永受到)「五取蘊」(之畢竟)苦。

復有「五苦」⓫⓬⓭⓮⓯：

一、「貪欲纏緣」(之)苦。

二、「瞋恚纏緣」(之)苦。

三、「惛沈、睡眠纏緣」(之)苦。

四、「掉舉、惡ㄨˋ作纏緣」(之)苦。

(「掉舉」指心「浮動不安」之精神作用。「惡」即指「厭惡」；「作」指「所作」，就是厭惡你所曾作過、或還沒做過的事，對曾做過、或還沒做過的事生起很多追悔的心)

五、「疑纏緣」(之)苦。

復有「六苦」⓰⓱⓲⓳⓴㉑：

一、「因」苦：(薰)習「惡趣」(為)因故。

二、「果」苦：生諸「惡趣」(之果)故。

三、(想)「求財位」(之)苦。

四、(須)「勤守護」(之)苦。

五、(永)「無厭足」(之)苦。

六、(發生)「變壞」(之)苦。

如是六種總說為「苦」。

復有「七苦」㉒㉓㉔㉕㉖㉗㉘：

一、「生」苦。

二、「老」苦。

三、「病」苦。

四、「死」苦。

五、「怨憎會」(之)苦。

六、「愛別離」(之)苦。

七、雖復「希求」而(仍)不得(之)苦。

復有「八苦」㉙㉚㉛㉜㉝㉞㉟㊱：

一、「寒」苦。

二、「熱」苦。

三、「飢」苦。

四、「渴」苦。

五、「不自在」(之)苦。

六、(於)「自逼惱」(之)苦：謂「無繫等」諸外道類(如《瑜伽論記·卷二》云：出家外道，名曰無繫等者，即「尼健子」。外道專修專持「自我逼惱」的牛戒、狗戒、苦行戒)。

七、(受)「他逼惱」(之)苦：謂遭遇他(人以)「手、塊」等觸(自身)、(或遭)「蚊虻」等觸(身之苦)。

八、(維持同)「一類」(之色身)威儀，(於)多時(皆如此而)住(之)苦。

(例如想要維持永遠黑髮濃密而不白的「威儀」。想要永無「皺紋、衰老」的「威儀」，想要永遠「健步如飛」的「威儀」)

復有「九苦」㊲㊳㊴㊵㊶㊷㊸㊹㊺：

一、(於)自(我感受到)衰損(衰敗損壞之)苦。

二、(對)他(人感受到)衰損(衰敗損壞之)苦。

三、(於)「親屬」(感受到)衰損(衰敗損壞之)苦。

四、(於)「財位」(感受到)衰損(衰敗損壞之)苦。

五、(欲健康)「無病」(而卻感受到逐漸)衰損(衰敗損壞之)苦。

六、(欲嚴守諸清淨)「戒」(而卻感受到逐漸)衰損(衰敗損壞之)苦。

(本能持諸淨戒，甚至過午不食，或日中一食。但隨著老化的發生，可能也會改成一日五食，少量多餐)

七、(於諸正知正)「見」(而卻感受到逐漸)衰損(衰敗損壞之)苦。

(人的記憶會退失，大腦會老化，就會逐漸發生「錯誤」的思惟與知見)

八、(於)「現法」(現在世之「諸法」，感受到諸)苦。

九、(於未來)「後法」(後世之「諸法」，也會感受到諸)苦。

復有「十苦」㊻㊼㊽㊾㊿㉛㉜㉝㉞㉟：

一、(於)「**諸食**」(的)資具(遭)「**匱乏**」(虛匱缺乏之)苦。(例如：冰箱內永遠少一堆食物)

二、(於)「**諸飲**」(的)資具(遭)「**匱乏**」(虛匱缺乏之)苦。(例如：冰箱內永遠少一杯飲料)

三、(於)「**騎乘**」(的)資具(遭)「**匱乏**」(虛匱缺乏之)苦。(例如：永遠少一台車子)

四、(於)「**衣服**」(的)資具(遭)「**匱乏**」(虛匱缺乏之)苦。(例如：永遠少一件衣服)

五、(於)「**莊嚴**」(的)資具(遭)「**匱乏**」(虛匱缺乏之)苦。(例如：永遠少一件寶物、珠寶、鑽石)

六、(於)「**器物**」(的)資具(遭)「**匱乏**」(虛匱缺乏之)苦。(例如：永遠少一件器物、沉水沉香佛珠、琥珀……)

七、(於)「**香鬘、塗飾**」(的)資具(遭)「**匱乏**」(虛匱缺乏之)苦。

八、(於)「**歌舞、伎樂**」(的)資具(遭)「**匱乏**」(虛匱缺乏之)苦。

九、(於)「**照明**」(的)資具(遭)「**匱乏**」(虛匱缺乏之)苦。

十、(於)「**男女給侍**」(的)資具(遭)「**匱乏**」(虛匱缺乏之)苦。

(以上總共有 55 種)

當知復有「**餘九種苦**」①：

一、「**一切苦**」。

二、「**廣大苦**」。

三、「**一切門苦**」。

四、「**邪行苦**」。

五、「**流轉苦**」。

六、「**不隨欲苦**」。

七、「**違害苦**」。

八、「**隨逐苦**」。

九、「**一切種苦**」。

(一)「**一切苦**」中，復有二苦②③：

一、(由)「**宿因**」(宿世之因)所生(之)苦。

二、(由)「**現緣**」(現在世之緣)所生(之)苦。

(二)「**廣大苦**」中，復有四苦④⑤⑥⑦：

一、(遭)「**長時**」(所受之)苦。

二、(受)「**猛利**」(猛烈銳利之)苦。

三、(遭種種)「**雜類**」(縱合之)苦。

四、(遭)「**無間**」(永無間斷之)苦。

(三)「一切門苦」中，亦有四苦⑧⑨⑩⑪：

一、(受)「那落迦」(地獄之)苦。

二、(受)「傍生」(畜生之)苦。

三、(受)「鬼世界」(之)苦。

四、(遭)「善趣」所攝(之)苦(例如升天，或作人，亦屬「善趣」，但不能究竟解脫)。

(四)「邪行苦」中，復有五苦⑫⑬⑭⑮⑯：

一、於「現法」中，犯觸於他(人)，(令)他(人)不(能得)饒益所發(生)起(之)苦。

二、(吾人一生所有的)「受用」(皆屬於)種種(的)「不平等」(苦)，(所受的)食界(亦皆為)不平等所發(生)起(之)苦。

（活在地球上當人類，沒有一件「食、衣、住、行、育、樂」等諸事會是「公平」的，所有工作上班的薪水、所獲得的「待遇」，也沒有人是完全「平等」的）

三、即由「現法」(之)苦所逼切，(由)自然造作所發(生)起(之)苦。

四、由多安住(於)「非理作意」(的不正思惟)，(其)所受(之)煩惱，(將隨)「煩惱」纏(縛)所(生)起(之)諸苦。

五、由多發起諸「身、語、意」(之惡)，(由)種種「惡行」所受，當來(將受)諸惡趣(之)苦。

(五)「流轉苦」中，復有「六種」輪轉(造成)「生死(皆)不定生」(之)苦⑰⑱⑲⑳㉑㉒：

一、(於)「自身」(榮辱之)不定(與無常)。

二、(前世與今世)「父母」(之)不定(與無常)。

三、(前世與今世)「妻子」(之)不定(與無常)。

四、(前世與今世)「奴婢、僕使」(之)不定(與無常)。

五、(前世與今世)「朋友、宰官、親屬」(之)不定(與無常)。

六、「財位」(之)不定(與無常)。

(所謂)「自身不定」者：謂(早)先為「王」，後(時降)為「僕隸」。

(所謂)「父母等不定」者：謂(早)先為(自己的)父母，乃至「親屬」，後時「輪轉」(轉世後)，反作(為自己的)「怨害」及「惡知識」。

(所謂)「財位不定」者：謂(可能早)先(獲)「大富貴」，後(變成)「極貧賤」。

(六)「不隨欲」苦，中復有七苦㉓㉔㉕㉖㉗㉘㉙：

一、(本)欲求「長壽」，(但卻)不(能)隨所欲，(反)生「短壽」(之)苦。

二、(本)欲求「端正」，(但卻)不(能)隨所欲，(反)生「醜陋」(之)苦。

三、(本)欲生「上族」，(但卻)不(能)隨所欲，(反)生「下族」(之)苦。

四、(本)欲求「大富」，(但卻)不(能)隨所欲，(反)生「貧窮」(之)苦。

五、(本)欲求「大力」，(但卻)不(能)隨所欲，(反)生「羸劣」(之)苦。

六、(本)欲求了知所知(智慧的)「境界」，(但卻)不(能)隨(心)所欲，(反遭)愚癡「無智」現行(所)生(之)苦。

七、(本)欲求「勝他」(勝過他人)，(但卻)不(能)隨所欲，反為(被)他(人所)勝(過)，(反)而生「大苦」。

(七)「違害苦」中，復有八苦㉚㉛㉜㉝㉞㉟㊱㊲：

一、諸(有)「在家」者，(因有)妻子等事，(於是造成)損減(所)生(之)苦。

二、諸(有)「出家」者，(因仍有)「貪」等煩惱，(於是造成)增益(所)生(之)苦。

三、(由)「饑儉」逼惱之所生(的)苦。

四、(由於)「怨敵」逼惱之所生(的)苦。

五、(由處在)「曠野嶮難」、(與被)「迫迮 逼惱」之所生(的)苦。

六、(由於被)「繫屬」於他(人)之所生(的)苦。

七、(由於身體)「支節」(四肢諸節)不具(遭)損惱(所)生(之)苦。

八、(由遭被)「殺縛、斫 截、捶打、驅擯 (驅離逐擯)、逼惱」(所)生(之)苦。

(八)「隨逐苦」中，復有九苦：依世(間之)「八法」，有八種苦㊳㊴㊵㊶㊷㊸㊹㊺：

一、(當)「壞法」(發生滅)壞時(之)苦。

二、(當)「盡法」(發生滅)盡時(之)苦。

三、(當)「老法」(發生衰)老時(之)苦。

四、(當)「病法」(發生衰)病時(之)苦。

五、(當)「死法」(發生歿)死時(之)苦。

六、無「利」(可得之)苦。

七、無「譽」(可得之)苦。

八、(獲)有譏(諷毀謗之)苦。是名八苦。

九、(種種)「希求」(之)苦。

如是總說，(皆)名(為)「隨逐苦」。

(九)「一切種苦」中，復有「十苦」：謂如前說，(由)「五樂」所治，(則)有五種苦㊻㊼㊽㊾㊿：

一、(由某)「因」(感召之)苦。

二、(遭)受(到諸)苦。

三、(遭)唯(有)「無樂」(之)苦。

四、(遭)受「不斷」(永不間斷之)苦。

五、出離(而應)遠離(俗緣)，(須專修)「寂靜菩提」樂(為)所對治(於解脫)，(雖已出家，若又跟在)家(一樣，則將於)「欲界」(受)結(生輪迴)，尋(將獲)「異生」(之)苦。

是名五苦。

復有五苦(51)(52)(53)(54)(55)：

一、(受)「逼迫」(之)苦。

二、(於)「眾具」(皆)匱乏(虛匱缺乏之)苦。

三、(於地水火風四大)界(遭)不平等(之)苦。(指身體四大遭到「增損」的傷害病苦)

四、(於)「所愛」(者發生)變壞(之)苦。

五、(遭)「三界煩惱品麁重」(之)苦。

是名五苦。

前五，此五，總十種苦，當知是名(為十種的)「一切種苦」。

(以上總共亦有 55 種)

前(有)五十五(種苦)，今(處亦有)五十五(苦)，(前後)總(數)有「一百一十種」苦(110 種之苦)，(皆)是菩薩「悲」(心)所緣(之)境界，緣此(110 種之苦)「境」故，諸菩薩(之)「悲」(心)生起，(更)增長修習(其「悲心」而令至)圓滿。

曇無讖(Dharma-rakṣa 385～433)《菩薩地持經》卷 7〈供養習近無量品 16〉

菩薩觀察「眾生」界，有「百一十」苦(110 種之苦)，(因)而修「悲」心，云何「百一十」苦(110 種之苦)？

有一種苦：謂一切眾生，皆墮(於聚)「集」(惡業所得之)苦(報)，以(能聚)「集」(之)苦(而)無差

別故。

又(有)二種苦：謂

(1)(以)「欲」根本，(於)所愛念(之)事，(發生)**變易**(時便)生「苦」(此喻→壞苦)。

(2)(由)「**愚癡**」(果)報(所生)「苦」，(有)極苦觸身(時)，而作是言：

　我苦！我苦！(由)「愚癡」(而)愁憂。亦名「二箭」，身受(箭)、心受(箭)。

又(有)三種苦：謂

(1)「**苦**」苦。

(苦苦：duḥkha-duḥkhatā。凡是活在三界中的「有情」眾生，其身心本來即是苦，皆活在「非可意、非可樂、非可愛」的「苦受法」中，更以「飢渴、疾病、風雨、勞役、寒熱、刀杖」等「眾苦之緣」所生之苦，將逼惱「身心」發生更加的「苦劇」，故稱爲「苦苦」)

(2)「**行**」苦。

(行苦：saṃskāra-duḥkhatā。又譯作「一切行苦」。「行」是指「遷流」義。因這世間所有一切的「有爲、造作、有漏」之法，皆會發生「遷流不息」與「刹那無常」的現象。當眾生見到「諸法無常」時，將逼惱「身心」發生更加的「苦劇」，故稱爲「行苦」)

(3)「**變易**」苦。

(壞苦：vipariṇāma-duḥkhatā，又譯作「變異苦」。凡是活在三界中的「有情」眾生，對於所愛之「人、事、物」，因發生「死亡、意外、突然、壞滅、消失」等種種變化，因此生起痛苦的感受。將逼惱「身心」發生更加的「苦劇」，故稱爲「壞苦」。有時身體中「地、水、火、風」四大，發生「互侵、互壞」之痛苦時，也可稱爲是一種「壞苦」)

又四種苦：

一者、「合會」(與)「別離」苦：從「愛別離」(而)生(苦)。

(來是偶然，走是必然)

(生是偶然，死是必然)

(樂是偶然，苦是必然)

(聚是偶然，離是必然)

二者、「斷」苦：從(具有相同)「**種類**」(眾生身，在遭受中斷)**沒死**(後，而又獲重)生(之苦)。

(有生，必有死，這是眾生的「共同、同類」性質，名「眾同分」)

三者、相續苦：從無量(劫之)生死，展轉相續(而)生(之苦)。

四者、終竟苦：(眾生)從(本以來皆)不得「涅槃」者，(於是將令)「五盛陰」生(畢竟之苦)。

(若不修行，便無法獲得解脫，不能去西方淨土的話，那就會遭受「終究畢竟」的苦報，永遠的輪轉下去)

又五種苦：

(1)(貪)欲纏緣(之)苦。

(2)(瞋)恚(纏緣之苦)。

(3)(愚)癡(纏緣之苦)。

(4)睡眠(纏緣之苦)。

(5)「悔、悼」(惡作、悼舉)纏緣(之)苦。

又六種苦：

(1)謂「因」(之)苦，依「惡道」(之)因故。

(2)(受)「果」(之)苦，(將轉)生「惡道」(果之)故。

(3)(想)求財(之)苦。

(4)(想求)守護(終身之)苦。(不讓這些「所愛諸物」遺失、流失掉，那是不可能的)

(5)(永遠)不(滿)足(之)苦。

(6)(發生)壞敗(之)苦。

又七種苦：謂

(1)「生」苦。

(2)「老」苦。

(3)「病」苦。

(4)「死」苦。

(5)「怨憎會」苦。

(6)「愛別離」苦。

(7)「求不得」苦。

又八種苦：謂

(1)「寒」苦。

(2)「熱」苦。

(3)「飢」苦。

(4)「渴」苦。

(5)「不自在」(之)苦。

(6)「自作」(之)苦，謂(外道)「尼乾」等(之類的「自作無益苦行之苦」)。

(7)「他作」(之)苦，謂(遭遇)彼(人以)「手、石、刀、杖」(等觸身之苦)，(或被)蚊虫等(觸身之苦)。

(8)(想維持)「久住」(於某一種色身)威儀(之)苦。

(例如想要維持永遠黑髮濃密而不白的「威儀」。想要永無「皺紋、衰老」的「威儀」，想要永遠「健步如飛」的「威儀」)

又九種苦：謂

(1)（於）**自**（我感受到）**不具足**（之）**苦**。

(2)（對）**他**（人也感受到）**不具足**（之）**苦**。

(3)（於）**親屬**（感受到）**不具足苦**。

(4)（於）**財物**（感受到）**不具足苦**。

（活在地球上當人類，無論是僧或僧人，**99.9%**的人都是一樣的，就是沒有人會「嫌錢太多」的！也沒有人會覺的「錢已經很夠用的」，都是認為「錢愈多愈好」的。就算是「修行人」，也只是把它「包裝、美化」成「錢愈多，可以度化眾生。錢愈多，可以廣造佛事。錢愈多，可以做功德，可以布施、救濟」……的理由而已。從「最深的心裡」層面來說，還是一樣，就是「錢愈多愈好」的意思！這種心理也不奇怪，因為這只是眾生的「本性」而已！貪財愛命的本性而已）

(5)（欲健康）**無病**（而卻感受到）**不具足苦**。

(6)（欲嚴守諸清淨）**戒**（而卻感受到）**不具足苦**。

（本能持諸淨戒，甚至過午不食，或日中一食。但隨著老化的發生，可能也會改成一日五食，少量多餐）

(7)（於諸正知正）**見**（而卻感受到）**不具足苦**。

（人的記憶會退失，大腦會老化，就會逐漸發生「錯誤」的思惟與知見）

(8)（於）**現在**（世能感受到諸）**苦**。

(9)（於）**他世**（亦可能會感受到諸）**苦**。

又十種苦：謂

(1)（於）「**食具**」（感受）**不足**（之）**苦**。（例如：冰箱內永遠少一堆食物）

(2)（於）「**飲具**」（感受）**不足**（之）**苦**。（例如：冰箱內永遠少一杯飲料）

(3)（於）「**車乘**」（感受）**不足**（之）**苦**。（例如：永遠少一台車子）

(4)（於）「**衣服**」（感受）**不足**（之）**苦**。（例如：永遠少一件衣服）

(5)（於）「**瓔珞**」（感受）**不足**（之）**苦**。（例如：永遠少一件器物、沉水沉香佛珠、琥珀……）

(6)（於）「**器物**」眾具（感受）**不足**（之）**苦**。

(7)（於）「**華、鬘、塗香**」眾具（感受）**不足**（之）**苦**。

(8)（於）「**伎樂**」眾具（感受）**不足**（之）**苦**。

(9)（於）「**燈明**」眾具（感受）**不足**（之）**苦**。

(10)（於）「**男女給使**」（感受）**不足**（之）**苦**。（於最）**初始**（皆感受諸）**苦**。

復有餘九種苦：謂

(一)一切苦。

(二)大苦。

(三)一切門苦。

(四)惡行苦。

(五)轉生苦。

(六)不隨欲苦。

(七)違害苦。

(八)相續苦。

(九)一切種苦。

(一)「一切苦」者：

(1)若(由)「前因」(前世之因)所(生)起(之苦)，

(2)及(於現在世)轉(起)時(之諸)緣(所生之)苦。

(二)「大苦」者：

(1、2)(於)長夜(所受之苦)

(3)(遭受)種種(縱合與猛利之苦)

(4)(遭受)「無間」(永無間斷之)大苦。

(三)「一切門苦」者：

(1)若(在)「地獄」(之苦)。

(2)(若在)畜生(之苦)。

(3)(若在)餓鬼(之苦)。

(4)(若遭)「善趣」輪轉(之苦)。(例如升天，或作人，亦屬「善趣」，但不能究竟解脫)

(四)「惡行苦」者：

(1)若(於)現世犯(觸於)他(人)，(若)他(人對你)還報己(將令自己獲苦)。

(2)若食「惡食」，(則將)令身(獲)「不安」(之苦)，

(3)如是種種，(皆以)「自身」現(在之所)作，還受其「苦」，

(4)若住(於)眾多(的)「不正思惟」，則(將)生一切諸「煩惱苦」。

(5)(由)「身、口」及「心」，多造「惡行」，(則)於未來世，(將感)生「惡行」
(之)苦。

(五)「轉生苦」者：有六事，(因有諸多)「不決定」(之生)起，(所以受)輪轉(於)生死。

(1)(於)「自身」(的榮辱皆)不定，謂(早)先為(國)王，後反(而降為)貧乞(者)。

(2、3)(於前世與今世的)妻子(和父母皆)不定。

(4)(於前世與今世的)奴婢(與)給使(皆)不定。

(5)(於前世與今世的)**朋友、大臣、親屬**(皆)**不定**，謂今(世生)為「**妻子**」，乃至「**大臣、親屬**」已，彼於後(世)時，在**生死**(輪迴)中，反(可能成)為(你的)「**怨害**」及「**惡知識**」。

(6)(於)「**財物**」**不決定**者，謂於生死中，(最初可能是)「**資財**」**無量**，後(變成)「**極貧苦**」。

(六)「**不隨欲苦**」者：

(1)**欲得**「**長壽**」，**不樂**「**短命**」，(但卻獲短命)**惱苦**(之)**生**。

(2)**欲得**「**端正**」，**不樂**「**醜陋**」，(但卻獲醜陋)**惱苦**(之)**生**。

(3)**欲為**「**上族**」，**不樂**「**卑賤**」，(但卻獲卑賤)**惱苦**(之)**生**。

(4)**欲**(多)**得**「**自在**」，**不樂**「**貧窮**」，(但卻獲貧窮)**惱苦**(之)**生**。

(5)**欲**(多)**得**「**大力**」，**不樂**「**少力**」，(但卻獲少力)**惱苦**(之)**生**。

(6)**欲多**(得)「**智慧**」，**不樂**「**愚癡**」，(但卻獲愚癡)**惱苦**(之)**生**。

(7)**欲**「**降伏**」(於)**彼**(人)，**不樂**「**不如**」(於彼人)，(但卻獲「不如於人」的)**惱苦**(之)**生**。

(七)「**違害苦**」者：

(1)**謂**(若)「**在家**」(者)，(因有)妻子(於是造成損)**減**(之)**苦**。

(2)(若選擇)「**出家**」(者)，(仍有「貪」等諸)**煩惱**(於是造成更)**增**(生之)**苦**。

(3)(由)「**飢儉**」(飢荒窮儉所生之)**苦**。

(4)(由)「**刀兵**」(而生)**恐畏**(恐懼畏怕之)**苦**。

(5)(由處在)「**曠野嶮處**」(所生的)**恐怖**(之)**苦**。

(6)(由於身體)「**支節**」(四肢諸節)**不具**(足之)**苦**。

(7)(遭受被)「**殺縛、斷截、捶打**」(之)**苦**。

(8)(逼受被)「**驅擯**ㄅ」(驅離逐擯而只好)**出外**(流浪之)**苦**。

(八)「**相續苦**」(者)，(亦)**有九種**，(但於)**此中**(經文暫時)**不説**。

(九)「**一切種苦**」者：**有五種**，如前(之所)**説**，(與)「**五種樂**」**相違**(之)**苦**，謂：

(1)(由某)**因**(所遭受到之)**苦**。

(2)(遭)**受**(到諸)**苦**。

(3)(遭受與)「**樂**」(相)**對治**(的一種)**苦**。

(4)(遭受)「**不斷**」(永不間斷的)**受苦**。

(5)**出家**(而應)**遠離**(俗緣)，(須專修)「**寂滅菩提**」**樂**(為)**對治**(於解脫的)「**非家**」(「非家」是指出離於俗家，而入於解脫的「非家」)；(若又於)「**欲界**」(中)**和合**(於妄)**覺**(之)**想**，(雖已出家了，則又將受)

凡夫(之)苦。
是名五苦。

又有五苦：謂
(1)(受)逼迫(之)苦。
(2)(於)「眾具」(皆)不足(之)苦。
(3)(於地水火風)「四大」(遭)增損(之)苦。
(4)(遭受)失(去)所(愛所)欲(之)苦。
(5)(遭受)「三界煩惱穢污」(之)苦。
是名五苦。

此「五種」，及前「五種」，略說(共有)「十種」(的)「一切種苦」。

前(有)五十五種(苦)，此(處亦有)「五十五種」(苦)，(前後)略說(總數為)「百一十種」苦(110種之苦)，(皆)是菩薩「悲」(心所緣之)境界，緣彼(共有110種之苦)故「悲」心生(起)，(因此菩薩更)修習、增長(其悲心)，(而令至)成就滿足。

(菩薩應)於彼「大苦」聚，緣(有)「十八種」苦(而)生「大悲心」，云何(為)十八苦？謂：
(細算應該是有十九種苦)
❶愚癡報(之)苦。
❷(諸)行(之)苦。
❸所攝究竟(之)苦。
❹因(之)苦。
❺生(之)苦。
❻自作(之)苦。
❼他逼迫(之)苦。
❽他作(之)苦。
❾惡戒(之)苦。
❿惡見(之)苦。
⓫本因(之)苦。
⓬(巨)大(之)苦。
⓭地獄(之)苦。
⓮善趣攝(之)苦。
⓯一切性(之)苦。

❻ 無智(之)苦。

❼ 增長(之)苦。

❽ (諸)受(之)苦。

❾ (感)鄙穢(之)苦。

卍關於「有財障修道，無財不養道」的經論解釋

✻如果視財或金為真實有「用」，將它置之功德箱，也可算為「常住」積「功德」，並非是壞事，也非是破戒，也不是一種「貪財」，如可以做到「隨佈施隨放下」，則謂「功德無量」也。

✻但有些人會另起「財物」之心而假借「建道場用」或「佛寺」用，所以我就多跟信徒「貪」點財。

✻如果能「視金如土」，則沒有「能用」，也沒有「所用」，一切如夢幻泡影，自然對財錢就會減少「貪心」。所以真修道人是持「銀錢戒」的，這是訓練棄捨「錢財」的一個修行方法，既是「紙錢」，所以就不能「用」。

✻「有財障修道，無財不養道」，在家「居士」應該儘量做到與「財物」之間是「不取不捨、不執不棄、不即不離」的境界。

✻「視金如土、視珠寶如糞土」這個道理幾乎是經典共同「宣說」的，如下舉：

《佛開解梵志阿颰經》
沙門不得貪欺，妄取人財。見諸「寶貨」，當如「糞土」。

《雜寶藏經·卷第三》
於諸「財寶」如「糞穢」，自在能調諸瞋恚。

《佛說千佛因緣經》
諸佛及賢聖，「視財」如「瘡疣」，捐之於「大地」，如人棄「涕唾」。

《佛說眾許摩訶帝經·卷第十二》
(1)尊者大慈哀愍聽許，舍利弗即與攝受度為沙門，後修梵行斷盡煩惱。
(2)雖居「三界」而「離貪毒」，其心平等由如虛空，「觀金如土」而無別異，於後修習得「三明六通」，證「阿羅漢果」。

《正法念處經·卷第十九》
若人「視金」如「草木」，觀諸「愛欲」如「火毒」。如是離欲智慧人，則生「天宮」受快樂。

《諸法集要經·卷第九》

不觸煩惱蛇，視「金」如「瓦礫」，於苦樂安危，及盛衰等事。

《四十二章經》
佛言：吾視諸侯之位如過客，視「金玉之寶」如「礫石」。

卍人生既然有 110 苦，應發願往生<u>阿彌陀佛前</u>。願我世世與佛相值，佛當授我莂

《大方廣佛華嚴經》卷 18〈明法品 18〉
佛子！菩薩住十種法，令諸大願皆得圓滿。何等為十？
一者、心無疲厭。
二者、具大莊嚴。
三者、念諸菩薩殊勝願力。
四者、聞諸「佛土」，悉願「往生」。
五者、深心長久，盡未來劫。
六者、願悉成就一切眾生。
七者、住一切劫，不以為勞。
八者、受一切苦，不生厭離。
九者、於一切樂，心無貪著。
十者、常勤守護無上法門。

《大方廣佛華嚴經》卷 10〈明法品 14〉
佛子！菩薩摩訶薩修行十法，悉能滿足一切諸願，何等為十？
一者、生大莊嚴，心無憂慼。
二者、轉向勝願念諸菩薩。
三者、所聞十方嚴淨「佛剎」，悉願「往生」。
四者、究竟未來際。
五者、究竟成就一切眾生、滿足大願。
六者、住一切劫，不覺其久。
七者、於一切苦，不以為苦。
八者、於一切樂，心無染著。
九者、悉善分別「無等等」解脫。
十者、得大涅槃，無有差別。

《菩薩善戒經》卷 8〈生菩提地品 4〉
菩薩爾時住「喜行」時，見無量佛……又復作願：願我常生「諸佛世界」，隨願「往生」，是名「善願」，以得「往生」諸佛世界。

《大方廣佛華嚴經》卷 37〈離世間品 33〉

菩薩摩訶薩發如是心：我當於不可說不可說劫，修菩薩行，常不離「佛」及「諸菩薩」，
得大正希望。

《大般若波羅蜜多經(第 401 卷-第 600 卷)》卷 480〈舍利子品 2〉

舍利子！是菩薩摩訶薩修行「般若」波羅蜜多⋯⋯隨所生處，常得逢事「諸佛世尊」
及「諸菩薩摩訶薩」眾，乃至「無上正等菩提」，於其「中間」，常不離「佛」及「諸菩
薩摩訶薩」眾。

《摩訶般若波羅蜜經》卷 6〈發趣品 20〉

云何菩薩「愛樂佛身治地業」？

佛言：若菩薩見「佛身相」，乃至「阿耨多羅三藐三菩提」，終不離「念佛」，是名「愛
樂佛身治地業」。

《佛說菩薩內戒經・卷一》

菩薩當知三願，乃為菩薩，何謂三？

　　一、願我當作佛，我當作佛時，令國中無有三惡道者⋯⋯
　　二、願我往生阿彌陀佛前。
　　三、願我世世與佛相值，佛當授我「莂」(指「受記」)。

是為三願。

[1029a09]「菩薩當知三願乃爲菩薩。何謂三？
一，願我當作佛，我當作佛時，令國中無有三
惡道者，皆有金銀、水精、琉璃七寶，人民壽
無極，皆自然飯食、衣被，五樂、倡伎、宮殿
舍；二，願我往生阿彌陀佛前；三，願我世世
與佛相值，佛當授我莂。是爲三願，合會爲[2]
十五戒，具菩薩所當奉行。和闍名明師，阿祇

《大乘寶雲經》卷 2〈十波羅蜜品 2〉

生生世世值遇親近「真善知識」。何者名為「真善知識」？

所謂「諸佛、菩薩」，如是增長宿世，修集「善業」因緣。

「善男子！云何菩薩福德佐助？菩薩摩訶薩於大乘法宿植德本，在在處處流轉生死，為善知識之所攝受，隨願受生，若富貴大[3]姓、若居士大家、信樂之家。既意欲得往彼受生，即便造作彼業因緣令得往生，生生世世值遇親近真善知識。何者名為真善知識？所謂諸佛、菩薩。如是增長宿世修集善業因緣，常作是念：『苦哉，世間，瘡哉，世間，無安之哉，一切世間

唯宣一乘教。我今以身心，奉上三寶尊。唯願平等悲，究竟垂加護。

結壇持往生咒偈

稽首無量壽，拔業障根本。觀世音勢至，海眾菩薩僧。我迷本智光，妄墮輪迴苦。曠劫不暫停，無救無歸趣。劣得此人身，仍遭劫濁亂。雖獲預僧倫，未入法流水。目擊法輪壞，欲挽力未能。良由無始世，不植勝善根。今以決定心，求生極樂土。乘我本誓船，廣度沈淪眾。我若不往生，不能滿所願。是故於娑婆，畢定應捨離。猶如被溺人，先求疾到岸。乃以方便力，悉拯瀑流人。我以至誠心，深心迴向心。然臂香三炷，結一七淨壇。專持往生咒，唯除食睡時。以此功德力，求決生安養。我若退初心，不向西方者，寧即墮泥犁，令疾生改悔。誓不戀人天，及以無為處。仰願大威神，力無畏不共，三寶無邊德，加被智旭等。折伏使不退，攝受令增長。

今以決定心，求生極樂土，
若不向西方，寧即墮地獄。

（改編自明・蕅益大師的詩偈）

若有人對我[誤會毀謗、造謠嫌棄、瞋心怨恨],那是給我修習增加[忍辱]分數的,分數不夠是無法西方作佛的--2021 年果濱講於台北光圈
https://drive.google.com/file/d/1DCSD_FLzXAx_Em9kxoMgHiI-
N9iUTg98/view?usp=sharing

眾生皆有[念心、慧心、發心]不可思議心法。只要[久修]與[心不間斷]的修,最終必能得證[西方作佛]--2021 年果濱講於台北光圈
https://drive.google.com/file/d/1NYIuer2Cvbr3d9eaLH04HD67c-
ZLO2JK/view?usp=sharing

天上天下,唯我為尊,唯吾人的[佛性]是至高無上。修行人不應生[下劣心],應生猛利金剛心,要相信「佛性」,此生一定可得解脫而[西方作佛]--2020 年果濱講於台北光圈
https://drive.google.com/file/d/1wepN2CglXnEV_JgjU1i6NupI48oRyLvR/view?usp=sharing

必須常思惟與發願[自身必有佛性,我必當作佛],此語有無量功德福報。修行要因[持戒]即能見[佛性]而成就[西方作佛]-2020 年果濱講於臺北光圈
https://drive.google.com/file/d/1faPkjL7IaSNE2E_ZUDTt1_PQJxtqT9JT/view?usp=sharing

卍「自不能度，安能度人。菩薩常不離佛」的經論引證

《大智度論》卷 29〈序品 1〉

復次，菩薩「初發意」（nava-yāna-saṃprasthita。初發心；新發意；新發心；初發心求菩提道而仍未有深行者），一心作願：從今日，不復隨諸「惡心」，但欲度脫一切「眾生」，當（先）得「阿耨多羅三藐三菩提」。

《大智度論》卷 29〈序品 1〉

(1)問曰：菩薩當（度）「化眾生」，何故常欲「值佛」？

答曰：有菩薩未入「菩薩位」、未得「阿鞞跋致」（avinivartanīya 阿惟越致；不退轉；無退；必定）受「記別」故，若「遠離」諸佛，便壞諸「善根」，沒在煩惱，自不能度，安能度人！

如人乘船，中流壞敗，欲度他人，反自「沒水」；

又如少湯，投大「冰池」，雖消少處，反更成冰。

(2)菩薩未入「法位」，若「遠離諸佛」，以「少功德」、無「方便力」，欲化眾生，雖少「利益」，反更「墜落」！以是故，「新學」菩薩不應「遠離諸佛」。

《大智度論》卷 39〈往生品 4〉

(1)舍利弗！有菩薩摩訶薩從「初發心」（初發心求菩提道而仍未有深行者）住「檀」波羅蜜、「尸羅」波羅蜜，乃至「阿鞞跋致」（avinivartanīya 阿惟越致；不退轉；無退；必定）地，終不墮「惡道」。

(2)【論】

釋曰：是菩薩從「初」已來，怖畏「惡道」，所作功德，願不「墜墮」。乃至「阿鞞跋致地」（avinivartanīya 阿惟越致；不退轉；無退；必定）者，以未到中間，畏墮「惡道」，故作願。

(3)菩薩作是念：若我墮「三惡道」者，自不能度，何能度人？又受「三惡道」苦惱時，以「瞋惱」故，「結使」增長，還起「惡業」，復受「苦報」；如是「無窮」，何時當得「修行佛道」？

《大智度論》卷 29〈序品 1〉

(1)「新學菩薩」（nava-yāna-saṃprasthita。初發意；初發心；新發意；新發心；初發心求菩提道而仍未有深行者）不應遠離「諸佛」。

(2)問曰：若爾者，何以不說「不離聲聞、辟支佛」？「聲聞、辟支佛」亦能利益「菩薩」。

(3)答曰：

菩薩大心，「聲聞、辟支佛」雖有「涅槃」利益，無「一切智」故，不能教導「菩薩」。

(4)(唯有)**諸佛**(所具的)「**一切種智**」故，能教導「**菩薩**」。如象沒「泥」，非象不能出；菩薩亦如是，若入「非道」中，唯「佛」能救，同「大道」故。以是故說「**菩薩**」常欲「**不離諸佛**」。

(5)復次，菩薩作是念：**我未得「佛眼」故，如「盲」無異，若不為「佛」所引導，則無所趣，錯入「餘道」**……

(6)**譬如嬰兒，不應離母，**又如「行道」不離「糧食」，如「大熱」時，不離「涼風、冷水」，如「大寒」時，不欲「離火」，如「度深水」不應「離船」。

(7)**譬如「病人」不離「良醫」；「菩薩」不離「諸佛」，過於上事。何以故？**
父母、親屬、知識、人、天王等，皆不能如「佛」利益；佛「利益」諸「菩薩」，離諸苦處，住世尊之地。以是因緣故，菩薩常不離佛。

《大智度論》卷 61〈隨喜迴向品 39〉

「**新發意**」菩薩(初發心求菩提道而仍未有深行者)，**先教「取相」隨喜，漸得「方便力」，爾乃能行「無相」隨喜。譬如鳥子，「羽翼」未成，不可逼令「高翔」**；(需待)「**六翮** 」(鳥的兩翼，此喻成「佛道」)**成就，則能遠飛**(此喻能廣度眾生)。

卍若具「言行合一」的修行者，必須發願迴向「無上大乘」與追求「西方作佛」，才能利益更多的人

《大般涅槃經》卷 15〈梵行品 8〉

(1)(佛言：)善男子！人有(分)二種：
　　一者、(能)信(任的)。
　　二者、不(能)信(任的)。
　　菩薩當知：(能)信者(即)是「善」，其不(能)信者，不名為「善」。

(2)復次，「信」(尚分)有二種：
　　一者、(能)常往「僧坊」(者)。
　　二者、不(能前)往(僧坊者)。
　　菩薩當知：其(能常)往(僧坊)者(即是)善，其不(能前)往者，(即)不名為「善」。

(3)(前)往「僧坊」者，復(分)有二種：
　　一者、(常)禮拜(三寶者)。
　　二、不禮拜(三寶者)。
　　菩薩當知：(常)禮拜(三寶)者(即是)善，不(能)禮拜(三寶)者，(即)不名為善。

(4)其(能)禮拜(三寶)者，復(分)有二種：
　　一者、(願意)聽法(者)。
　　二者、不(願意)聽法(者)。
　　菩薩當知：(若有願意)聽法者(即是)善，(若)不(願意)聽法者，(即)不名為善。

(5)其聽法者，復(分)有二種：
　　一、至心聽(法者)。
　　二、不至心(不能至心聽法者，例如打瞌睡、玩手機、吃東西、兼作別的事情者、心不在焉者)。
　　菩薩當知：(能)至心聽(法)者，是則名善，(若)不(能)至心(聽法)者，(即)不名為善。

(6)(能)至心聽法，復(分)有二種：
　　一者、思(惟其)義。
　　二、不思(惟其)義。
　　菩薩當知：(能)思(惟其)義者(即是)善，不(能)思(惟其)義者，(即)不名為善。

(7)其(能)思(惟其)義者,復(分)有二種:

一、(能)如說(而)行。(言行合一)

二、不(能)如說(而)行。(言行不一)

如(能如)說(而)行者,是則為善,不(能)如說(而)行(者),不名為善。

(8)(能)如說(而)行者,復(分)有二種:

一、(只)求「聲聞」,不能利安(利益安樂)、饒益一切「苦惱」眾生(者)。

二者、(發願)迴向「無上大乘」(追求西方作佛者),(能)利益(更)多的人,令得安樂。

菩薩應知,能利(益更)多(的)人,(令眾生皆)得「安樂」者,(此為)最上(之)最善。

《大般涅槃經》卷7〈如來性品 4〉

一切眾生皆有「佛性」……(應)作是思惟:我今必定成「阿耨多羅三藐三菩提」。如是之人,雖未得成「無上道果」,已為「得福」無量無邊,不可稱計……定知身有「佛性」,是故我今得成「阿耨多羅三藐三菩提」,得名為「佛」……

能[說]不能[行],能[聞]不能[行],都不是真修行真智慧,必須[言行合一]才能真正斷煩惱-2022年果濱講於二楞講堂
https://drive.google.com/file/d/1f5l2RwScQb1cZhm64fw7Idse1jI4I45S/view?usp=share_link

十二－3 於娑婆世界南方的最勝(最勇；豐溢)世界中，計有「四百億」十千名之多，皆能隨眾生其心所應調伏，而作如是之說

東晉‧佛馱跋陀羅譯 六十《華嚴經‧四諦品》	唐‧實叉難陀譯 八十《華嚴經‧四聖諦品》
(文殊師利菩薩云：)	(文殊師利菩薩云：)
壹諸佛子！如娑婆世界所名「苦」諦，於最勇世界(中)，	壹諸佛子！此娑婆世界所言「苦」聖諦者，(於)彼最勝世界中，
❶或名(遭受)「恐怖」(的苦報)，	❶或名(遭受)「恐怖」(的苦報)，
❷或名(遭受)「福斷」(福業被分斷的苦報)，	❷或名(遭受福業被斷滅)「分段」(的苦報)，
❸或名(遭受)「應訶責」(的苦報)，	❸或名(遭受)「可厭惡」(的苦報)，
❹或名(遭受)「常給」(常須給侍的苦報)，	❹或名(遭受)「須承事」(的苦報)，
❺或名(遭受)「麁澀」(的苦報)，	❺或名(遭受麁澀)「變異」(的苦報)，
❻或名「常怨」(常遭受怨敵的苦報)，	❻或名(遭受)招引「怨」(敵的苦報)，
❼或名(遭受)「離勝」(遠離殊勝事，令不得的苦報)，	❼
❽或名(被)「奪利」(欺奪利益的苦報)，	❽或名(遭受)能(被)「欺奪」(的苦報)，
❾或名(遭受)難「共事」(的苦報)，	❾或名(遭受)難「共事」(的苦報)，
❿或名(遭受)「虛妄」(分別的苦報)，	❿或名(遭受虛)「妄分別」(的苦報)，
⓫或名(遭受具有大)「勢力」(的苦報)。	⓫或名(遭受具)有(大)「勢力」(的苦報)。 (以上十種有關「苦」的定義，唐‧澄觀撰《華嚴經疏鈔會本‧卷十二》中只對「有勢力」一個有作解釋)
貳所名「苦集」諦者，	貳諸佛子！所言「苦集」聖諦者，(於)彼最勝世界中，

①或名(招引種種惡業聚集的)「因緣」，

②或名(招引種種)「癡元」(愚癡根元的惡業聚集)，

③或名(招引種種)「怨林」(怨恨儭林的惡業聚集)，

④或名(招引如)「刃枝」(利刃刀支。枝＝支)，

⑤或名(招引)「滅味」(的惡業聚集)，
(消滅掉「苦」與「樂」之味，即指自己根本不知「是苦或是樂」的一種惡業積聚)

⑥或名(招引)「仇對」(怨仇敵對的惡業聚集)，

⑦或名(招引各種令人)「味著」(耽味執著的業集)，
(耽味執著→耽淪;耽溺貪戀，就是「執著」的意思)

⑧或名(招引邪惡)「導引」(的惡業聚集)，

⑨或名(招引)「增闇」(增長黑闇的惡業聚集)，

⑩或名(招引)「害利」(破害善利惡業聚集)。

㊣所名「苦滅」諦者，

⑴或名「大義」，

⑵或名「饒益分」，

⑶或名「義」中(之第一)義，

⑷或名「無量」，

---

①或名(招引各種)「敗壞」(的惡業聚集)，

②或名(招引種種)「癡根」(愚癡根元的惡業聚集)，

③或名(招引種種)「大怨」(的惡業聚集)，

④或名(招引如)「利刃」(利刀刀支般的惡業聚集)，

⑤或名(招引)「滅味」(的惡業聚集)，
(消滅掉「苦」與「樂」之味，即指自己根本不知「是苦或是樂」的一種惡業積聚)

⑥或名(招引)「仇對」(怨仇敵對的惡業聚集)，

⑦或名(招引各種原)非(屬於)「己物」(卻又執著貪戀的惡業聚集)，

⑧或名(招引邪)惡「導引」(的惡業聚集)，

⑨或名(招引)增(長)「黑闇」(的惡業聚集)，

⑩或名(招引破)壞「善利」(的惡業聚集)。
(以上十種有關「集」的定義，唐・澄觀撰《華嚴經疏鈔會本・卷十二》中只對「非己物」一個有作解釋)

㊣諸佛子！所言「苦滅」聖諦者，(於)彼最勝世界中，

⑴或名「大義」，

⑵或名「饒益」，

⑶或名「義」中(之第一)義，

⑷或名「無量」，

⑷或名「勝根」(最勝之根)，

⑸或名「勝等」(殊勝無等)，

⑹或名「無作」(無能作無所作)，

⑺或名「滅使」(滅盡煩惱使)，

⑻或名「最上」，

⑼或名「畢竟」，

⑽或名「破印」。
(「蠟印印泥」四個字是比喻現在之「五陰」雖滅壞，卻能繼續生出「中陰身」之「五陰」，從而繼續輪迴下去。如果能「破除印泥」的話，那就能獲得「不生不滅」之涅槃，永不輪迴)

　　㈣所名「苦滅道」諦者，

㈠或名(修習)真(實)「堅固」(之道)，

㈡或名(修習種種)「方便」分別(之道)，

㈢或名(修習具解脫)義(的)根(本之道)，

㈣或名(修習)真(實本)性(之道)，

㈤或名(修習遠)離(貪)愛(之道)，

㈥或名(修習殊)勝(清)淨(之道)，

⑷或名(具)「最勝」(之)根，

⑸或名(無可)「稱會」(稱呼會意的一種殊勝。涅槃大道只能「證」得，如人飲水，冷暖自知，不可稱、不可會、不可意、不可測)

⑹或名無「資待」(資助相待。指「離能作所作」而達「絕待」之境)，

⑺或名「滅惑」(滅盡煩惱惑)，

⑻或名「最上」，

⑼或名「畢竟」，

⑽或名「破印」。
(以上十種有關「滅」的定義，唐‧澄觀撰《華嚴經疏鈔會本‧卷十二》中只對「稱會、破印」二個有作解釋)

　　㈣諸佛子！所言「苦滅道」聖諦者，(於)彼離垢世界中，

㈠或名(修習真實如)「堅固」物(之道)，

㈡或名(修習種種)「方便」分(別之道)，

㈢或名(修習)「解脫」(根)本(之道)，

㈣或名(修習)本性(真)實(之道)，

㈤或名(修習)不可毀(壞之道)，

㈥或名(修習)最「清淨」(之道)，

㈦或名(修習三界諸)有邊(際之道)，	㈦或名(修習三界)「諸有」邊(際之道)， (若能滅盡「有邊、無邊」之際，即可獲得涅槃正道)
㈧或名(修習能)寄(善法而獲)全(功德之道)，	㈧或名(修習能)受寄(善法而獲)全(功德之道)，
㈨或名(修習)「究竟」(之道)，	㈨或名(修習能)作「究竟」(之道)，
㈩或名(修習能)淨(除)「虛妄」(之道)。	㈩或名(修習能清)淨「分別」(之道)。 (以上十種有關「道」的定義，唐·澄觀撰《華嚴經疏鈔會本·卷十二》中只對「諸有邊、受寄全」二個有作解釋)
㈤諸佛子！(於「娑婆世界」西方的)離垢世界(中)，(有)如是等「四諦」名，有「四十億」百千「那由他」，(皆)隨諸眾生，(其心)所應調伏，(而)作如是說。	㈤諸佛子！(於「娑婆世界」西方的)離垢世界(中)說「四聖諦」，有如是等「四百億」十千名；(皆)隨眾生心，悉令調伏(之)。 (以上有關在離垢世界中對「苦集滅道」的解釋共有四十個定義，唐·澄觀撰《華嚴經疏鈔會本·卷十二》中對其中「六個名相」有作解釋)

卍關於「破印」為「滅」道諦的經論解釋

《大般涅槃經》卷29〈師子吼菩薩品 11〉

(1)眾生(之善惡)業果(報)，亦復如是，「此陰」(此生之五陰)滅時，「彼陰」(彼來生之五陰)續生。如燈(一)生，「闇」(則)滅；燈(一)滅，「闇」(則)生。

(2)(佛言：)善男子！如(用)「蠟印」印(於)泥(上)，「印」與「泥」(結)合(之後)，「印」滅(蠟印看似已被溶解而消滅)文成(卻與泥和合而成「文字」之形)，而是「蠟印」(仍然保持)不變，(只是溶解)在泥(中)。

(3)「文」非「泥」出(文字並非一定就是從泥中產生)，(亦)不(從)餘處來。(但)以(蠟)印(的眾)「因緣」而生是「文」(字之形)。

(4)「現在」(世的五)陰(雖暫時而)滅，「中陰」(身之五)陰(身則顯現而)生。(若)是「現在」(世之五)陰，終不變為「中陰」(身之)五陰(此指人死後，才會顯現出「中陰身」的五陰)。

(5)「中陰」(身之)五陰，亦非(從)「自生」(來)，(亦)不從「餘」(處而)來。(中陰身的「五陰」乃是「眾因緣」而生起，不是由獨立、單一的因緣來的)

(6)因「現陰」(現在世的五陰死亡)故，(即)生「中陰」(身之五)陰。如(用蠟)印(去)印(於)泥(上)，印壞(蠟印看似被溶解而消滅)文成(卻與泥和合而成「文字」之形)。

(7)(生前與死後的「五陰」這個)名(稱)雖無差(別)，而(因出現的)「時節」(不同所以會造成)各異。

(生前的「五陰」是肉眼可見的，死後「中陰身」所「暫時」擁有的「五陰」則肉眼是不可見的。如果這個亡者的「中陰身」與某人有特殊因緣，他也可以現「神變」而令那個人「看見」他的「色陰」身形的)

(8)是故我說(人死後)「中陰」(身之)「五陰」，(並)非「肉眼」(可得)見，(為)「天眼」所(能)見。

(「蠟印印泥」四個字是比喻現在之「五陰」雖滅壞，卻能生「中陰身」之「五陰」。但從《涅槃經》的文義上來說，還是要會通「般若空性」道理，也就是「中陰身」並非真實的存在，也非虛無的斷滅。「中陰身」不是「自己生自己」，也不是從「別的地方」生出來，「中陰身」也是「眾因緣和合」下的「暫時幻影」而已)

十二－5 於娑婆世界北方的真實境（實境界：豐樂）世界中，計有「四百億」十千名之多，皆能隨眾生其心所應調伏，而作如是之說

東晉·佛馱跋陀羅譯 六十《華嚴經·四諦品》	唐·實叉難陀譯 八十《華嚴經·四聖諦品》
(文殊師利菩薩云：)	(文殊師利菩薩云：)
壹諸佛子！如(於)「娑婆世界」所說「苦」諦，於真實境世界(中)，	壹諸佛子！此娑婆世界所言「苦」聖諦者，(於)彼豐溢世界(對照前面經文，娑婆世界的北方應作豐樂世界，此為同一個梵文 vṛddhi 可譯為豐溢或豐樂造成的)中，
❶或名(遭受)「愛欲」(的苦報)，	❶或名(遭受)「愛染處」(的苦報)，
❷或名(遭受)「險根」(具有險害根源的苦報)，	❷或名(遭受具有)「險害」根(源的一種苦報)，
❸或名(有如三界)「海分」(大海分量的苦報)，	❸或名(遭受)有(如三界)「海分」(大海分量的苦報)，
❹或名(遭受)「邪方便」(的苦報)，	❹或名(遭受堆)積(聚)集(而)成(的苦報)，
❺或名(種種)「分別」根(源的一種苦報)，	❺或名(遭受種種)「差別」根(源的一種苦報)，
❻或名(遭受)「流轉」(的苦報)，	❻或名(遭受不斷)「增長」(的苦報)，
❼或名(遭受)「生滅」(的苦報)，	❼或名(遭受種種)「生滅」(的苦報)，
❽或名(遭受)「障礙」(的苦報)，	❽或名(遭受種種)「障礙」(的苦報)，
❾或名(遭受)「倒根」(顛倒根源的苦報)，	❾或名(遭受有如)「刀劍」(根)本(的一種苦報)，
❿或名(遭受)有數(數所成的眾多苦報)。	❿或名(遭受由)數(數)所成(的眾多苦報)。(數婁數→常常；屢次)
(數婁 數→常常；屢次)	(以上十種有關「苦」的定義，唐·澄觀撰《華嚴經疏鈔會本·卷十二》中只對「有海分、數所成」二個有作解釋)

㈡所名「苦集」諦者，

①或名（招引各種）「愛」（染的惡業聚集），

②或名（招引令人）「陷溺」（陷歿淪溺的惡業聚集），

③或名（招引）「不可盡」（的惡業聚集），

④或名（招引眾多）「分」（分類數量的惡業聚集），

⑤或名（招引各種）「不正趣」（的惡業聚集），

⑥或名（能招引種種惡業聚集的）「津梁」，

⑦或名（招引各種蠱惡鄙陋諸）事（物的惡業聚集），

⑧或名（招引各種）「障礙」（的惡業聚集），

⑨或名（招引低劣根）「器」（的惡業聚集），

⑩或名（招引各種變）「動」（的惡業聚集）。

㈢所名「苦滅」諦者，

(1)或名（種種的）「相續」（已）斷，

(2)或名（已）「解散」（一切繫縛），

(3)或名「無名」，

㈡諸佛子！所言「苦集」聖諦者，（於）彼豐溢（應作豐樂）世界中，

①或名（招引種種）「可惡」（的惡業聚集），

②或名（招引種種邪逆）「名字」（的惡業聚集），

③或名（招引）「無盡」（的惡業聚集），

④或名（招引眾多）「分數」（分部數量的惡業聚集），

⑤或名（招引各種）「不可愛」（的惡業聚集），

⑥或名（招引各種）能「攪噬」（攪取吞噬善法的種種惡業聚集），

⑦或名（招引各種）「麁鄙物」（的惡業聚集），

⑧或名（招引各種）「愛著」（的惡業聚集），

⑨或名（招引低劣根）「器」（的惡業聚集），

⑩或名（招引各種變）「動」（的惡業聚集）。
（以上十種有關「集」的定義，唐‧澄觀撰《華嚴經疏鈔會本‧卷十二》中只對「分數、攪噬」二個有作解釋）

㈢諸佛子！所言「苦滅」聖諦者，（於）彼豐溢（應作豐樂）世界中，

(1)或名（種種的）「相續」（已）斷，

(2)或名（已）「開顯」（真境），

(3)或名「無文字」，

⑷或名(乙)「不作」，	⑷或名「無所修」，
⑸或名(乙)「不現」，	⑸或名「無所見」，
⑹或名(乙)「無作」，	⑹或名「無所作」，
⑺或名(乙)「無色」，	⑺或名「寂滅」，
⑻或名(乙)「無燒」，	⑻或名「已燒盡」（無明與煩惱），
⑼或名(光)「明」，	⑼或名(已)捨(煩惱)「重擔」，
⑽或名「淨」。	⑽或名已除壞（一切染垢）。
	（以上十種有關「滅」的定義，唐・澄觀撰《華嚴經疏鈔會本・卷十二》中只對「無所修」一個有作解釋）
㊒所名「苦滅道」諦者，	㊒諸佛子！所言「苦滅道」聖諦者，(於)彼豐溢(應作豐樂)世界中，
㊀或名(修習)寂(滅)行(之道)，	㊀或名(修習)「寂滅行」(之道)，
㊁或名(修習)「正行」(之道)，	㊁或名(修習)「出離行」(之道)，
㊂或名「修證」(之道)，	㊂或名勤「修證」(之道)，
㊃或名(修習)「安隱」(之)道，	㊃或名(修習)「安隱」(而)去(彼岸之道)，
㊄或名(修習不生不滅之)「無量壽」(大道)，	㊄或名(修習不生不滅之)「無量壽」(大道)，
㊅或名修(習)「究竟」(之道)，	㊅或名(修習)「善了知」(之道)，
㊆或名(修習不生不滅之)「常」道，	㊆或名(修習)「究竟道」(之道)，
㊇或名(修習)「難得」(之大道)，	㊇或名(修習)「難修習」(之大道)，

(九)或名(修習能至)「彼岸」(之道)，

(十)或名(修習)「無敵」(無有能敵的最勝之道)。

(五)諸佛子！(於「娑婆世界」北方的)真實境世界(中)，(有)如是等「四諦」名，有「四十億」百千「那由他」，(皆)隨諸眾生，(其心)所應調伏，(而)作如是說。

(九)或名(修習能)至「彼岸」(之道)，

(十)或名(修習)「無能勝」(無有能勝之道)。

(以上十種有關「道」的定義，唐・澄觀撰《華嚴經疏鈔會本・卷十二》中只對「無量壽」一個有作解釋)

(五)諸佛子！(於「娑婆世界」北方的)豐溢(應作豐樂)世界(中)說「四聖諦」，有如是等「四百億」十千名；(皆)隨眾生心，悉令調伏(之)。

(以上有關在豐溢世界中對「苦集滅道」的解釋共有四十個定義，唐・澄觀撰《華嚴經疏鈔會本・卷十二》中對其中「六個名相」有作解釋)

vṛddhi

增益。豐饒。富樂。增。勝。

vṛddhi 囡 [Vṛdh+ti] 成長(吠 圉)；愉快，喜び(吠)；青年期；增加，增大，発達，(生命の)延長(圉)；(月の食分が)次第に大きくなること，(河や海の)增水すること；進步，上昇，富の增加，力の延長；富裕，繁栄，成功；收益，利得；利子，高利；母音の最強級 (ā, ai, au) (文法)；■■ 增，進，勝，益，滋，溢，增長，冒盛，增勝，增益，增広，增益，增足，転增，長大，滋息，豐熟，豐饒，富楽 *Abh-k., Abh-vy., Aṣṭ-pr., Bodh-bh., Bodh-c., Lal-v., Madhy-bh., Madhy-vibh., Ratna-ut., Sapt-pr., Śikṣ., Sūtr., Vijn-t., Vin.;* 功德 *Divy.;* (樹神の名)增上 *Lal-v.:* ～ṃ gacchati 增長 *Sūtr.*

十二－6 於娑婆世界東北方的攝取(訶尼)世界中，計有「四百億」十千名之多，皆能隨眾生其心所應調伏，而作如是之説

東晉·佛馱跋陀羅譯 六十《華嚴經·四諦品》	唐·實叉難陀譯 八十《華嚴經·四聖諦品》
(文殊師利菩薩云：)	(文殊師利菩薩云：)
圖諸佛子！如(於)「娑婆世界」所名「苦」諦者，於訶尼(hārin奪取)世界(中)，	圖諸佛子！此娑婆世界所言「苦」聖諦者，(於)彼攝取世界中，
❶或名(遭受被)「掠取」(的苦報)，	❶或名(遭受)能(被)「劫奪」(的苦報)，
❷或名(遭受)「非善友」(的苦報)，	❷或名(遭受)「非善友」(的苦報)，
❸或名(遭受令人)「戰怖」(戰抖恐怖的苦報)，	❸或名(遭受)「多恐怖」(的苦報)，
❹或名(遭受被)「多言」(戲論的苦報)，	❹或名(遭受被)種種(言語)「戲論」(的苦報)，
❺或名(遭受如已入了)真「地獄」(般的苦報)，	❺或名(遭受如已入)「地獄」性(般的苦報)，
❻或名(遭被)「非法」調伏(的苦報)，	❻或名(遭受)「非實義」(的一種苦報)，
❼或名(遭受貪欲)「重擔」(的苦報)，	❼或名(遭受)「貪欲」(重)擔(的苦報)，
❽或名(遭受被)「壞根」(破壞諸根的苦報)，	❽或名(遭受)「深重」根(源的苦報)，
❾或名(遭受)「虛妄」(而空轉的苦報)，	❾或名(遭受)「隨心」(而獲空)轉(的苦報)，
❿或名(遭受)「虛妄」(之)根(的苦報)。	❿或名(遭受)「根本」(皆是)空(無的苦報)。
	(以上十種有關「苦」的定義，唐·澄觀撰《華嚴經疏鈔會本·卷十二》中只對「地獄性、根本空」二個有作解釋)
貳所名「苦集」諦者，	貳諸佛子！所言「苦集」聖諦者，(於)彼攝取世界中，
①或名(招引)貪(著的惡業聚集)，	①或名(招引)「貪著」(的惡業聚集)，

⑻或名(修習)「正趣」(之道)，	⑻或名(修習)「平等」因(之道)，
⑼或名(修習清)淨「方便」(之道)，	⑼或名(修習清)淨「方便」(之道)，
㈩或名(修習)勝見(最極殊勝見之道)。	㈩或名(修習)最勝(最極殊勝)見(之道)。
	(以上十種有關「道」的定義，唐・澄觀撰《華嚴經疏鈔會本・卷十二》中只對「廣大路」一個有作解釋)
㈤諸佛子！(於「娑婆世界」西南方的)鮮少世界(中)，(有)如是等「四諦」名，有「四十億」百千「那由他」，(皆)隨諸眾生，(其心)所應調伏，(而)作如是說。	㈤諸佛子！(於「娑婆世界」西南方的)鮮少世界(中)說「四聖諦」，有如是等「四百億」十千名；(皆)隨眾生心，悉令調伏(之)。
	(以上有關在鮮少世界中對「苦集滅道」的解釋共有四十個定義，唐・澄觀撰《華嚴經疏鈔會本・卷十二》中對其中「五個名相」有作解釋)

十二－9 於<u>娑婆</u>世界西北方的<u>歡喜</u>(知足)世界中，計有「四百億」十千名之多，皆能隨眾生其心所應調伏，而作如是之説

東晉・佛馱跋陀羅譯 六十《華嚴經・四諦品》	唐・實叉難陀譯 八十《華嚴經・四聖諦品》
(文殊師利菩薩云：)	(文殊師利菩薩云：)
壹諸佛子！如(於)<u>娑婆</u>世界所名「苦」諦者，於<u>知足</u>世界(中)，	壹諸佛子！(於)此<u>娑婆</u>世界所言「苦」聖諦者，(於)彼<u>歡喜</u>世界中，
❶或名(遭受種種)「流轉」(的苦報)，	❶或名(遭受種種)「流轉」(的苦報)，
❷	❷或名(遭受種種)「出生」(的苦報)，
❸或名(遭受)「失利」(失去善利的苦報)，	❸或名(遭受)「失利」(失去善利的苦報)，
❹或名(遭受)「染污」障(礙的苦報)，	❹或名(遭受)「染著」(的苦報)，
❺或名(遭受種種煩惱)「重擔」(的苦報)，	❺或名(遭受種種煩惱)「重擔」(的苦報)，
❻或名(遭受種種)「惡形」(鄙惡外形的苦報)，	❻或名(遭受種種)「差別」(惡形的苦報)，
❼或名(遭受)「內惡」(內心險惡的苦報)，	❼或名(遭受)「內險」(內心險惡的苦報)，
❽或名(遭受)非(能)「專到」(善處的苦報)，	❽或名(遭受種種惡業)「集會」(的苦報)，
❾或名(遭受令人違)害(之)處(的苦報)，	❾或名(遭受令人厭)惡(的)「舍宅」(苦報)，
❿或名(遭受種種)「苦惱」(的苦報)。	❿或名(遭受種種)「苦惱」性(的苦報)。
	(以上十種有關「苦」的定義，唐・澄觀撰《華嚴經疏鈔會本・卷十二》中完全無作解釋)
貳所言「苦集」諦者，	貳諸佛子！所言「苦集」聖諦者，(於)彼<u>歡喜</u>世界中，
①或名(像大地般)能持(諸惡業而令聚集)，	①或名(像大)地(般能令惡業聚集)，

②或名（以種種）「方便」（招引惡業聚集），

③或名（招引屬於）「過時」（或「非時」的惡業聚集），（所招引的惡業，是「不定時」而來的，不一定是屬於「某個時」，諸業無定時、諸法無定）

④或名（招引）非「實法」（的惡業聚集），

⑤或名（招引）「無底」（無有底限的惡業聚集），

⑥或名「攝受」（招引種種的惡業聚集），

⑦或名（招引）「離戒」（遠離戒法的惡業聚集），

⑧或名（招引）「煩惱法」（的惡業聚集），

⑨或名（招引）「無量」（邪）見（的惡業聚集），

⑩或名（招引無數的）惡（業）聚（集）。

㊂所言「苦滅」諦者，

(1)或名「壞身」（破壞色身所依止之煩惱），

(2)或名「不放逸」，

(3)或名「真實」，

(4)或名「等等」，

(5)或名「清淨」，

---

②或名（以種種）「方便」（招引惡業聚集），

③或名（招引屬於）「非時」（的惡業聚集），

④或名（招引）非「實法」（的惡業聚集），

⑤或名（招引）「無底」（無有底限的惡業聚集），

⑥或名「攝取」（招引種種的惡業聚集），

⑦或名（招引）「離戒」（遠離戒法的惡業聚集），

⑧或名（招引）「煩惱法」（的惡業聚集），

⑨或名（招引）「狹劣」（邪）見（的惡業聚集），

⑩或名（招引污）垢（的惡業）聚（集）。（以上十種有關「集」的定義，唐・澄觀撰《華嚴經疏鈔會本・卷十二》中只對「無底」一個有作解釋）

㊂諸佛子！所言「苦滅」聖諦者，（於）彼歡喜世界中，
(1)或名破（壞色身所）「依止」（之煩惱），

(2)或名「不放逸」，

(3)或名「真實」，

(4)或名「平等」，

(5)或名「善淨」，

(6)或名「離生」(離生亦離死),	(6)或名「無病」,
(7)或名「離(邪)曲」,	(7)或名「無(邪)曲」,
(8)或名「無相」,	(8)或名「無相」,
(9)或名「具足」,	(9)或名「自在」,
(10)或名「不生」(不生亦不滅)。	(10)或名「無生」(無生亦無滅)。
	(以上十種有關「滅」的定義,唐・澄觀撰《華嚴經疏鈔會本・卷十二》中只對「破依止」一個有作解釋)
肆所言「苦滅道」諦者,	肆諸佛子!所言「苦滅道」聖諦者,(於)彼歡喜世界中,
(一)或名(修習於)「境界」言斷(言語道斷之道), (殊勝境界=言語斷道,心行處滅。斷滅一切「言語、心行」)	(一)或名(修習能)入「勝界」(殊勝境界之道),
(二)或名(修習能令)「功德」聚(集之道),	(二)或名(修習能)斷「集」(之道),
(三)或名(修習能)「順義」(之道),	(三)或名(修習能)超(越)「等類」(之道),
(四)或名(修習具)廣「方便」(之道),	(四)或名(修習具)「廣大」性(之道),
(五)或名(修習令)「虛妄」(滅)盡(之道),	(五)或名(修習令)「分別」(滅)盡(之道),
(六)或名(修習能)住「壽」(之)道,	(六)或名(修習具有)「神力」(之)道,
(七)或名(修習)可(方便)「稱數」(之道),	(七)或名(修習)眾「方便」(之道),
(八)或名(修習)「正念」(之道),	(八)或名(修習)「正念行」(之道),
(九)或名(修習不生不滅之)常道,	(九)或名(修習不生不滅之)常寂(道)路,
(十)或名(修習攝受)「解脫」(之道)。	(十)或名(修習)攝(受)「解脫」(之道)。

	(以上十種有關「道」的定義，唐・澄觀撰《華嚴經疏鈔會本・卷十二》中只對「廣大性」一個有作解釋)
㈤諸佛子！(於「娑婆世界」西北方的)知足世界(中)，(有)如是等「四諦」名，有「四十億」百千「那由他」，(皆)隨諸眾生，(其心)所應調伏，(而)作如是說。	㈤諸佛子！(於「娑婆世界」西北方的)歡喜世界(中)說「四聖諦」，有如是等「四百億」十千名；(皆)隨眾生心，悉令調伏(之)。 (以上有關在歡喜世界中對「苦集滅道」的解釋共有四十個定義，唐・澄觀撰《華嚴經疏鈔會本・卷十二》中對其中「三個名相」有作解釋)

十二－10 於娑婆世界下方的關鬮(離摶食；所求)世界中，計有「四百億」十千名之多，皆能隨眾生其心所應調伏，而作如是之說

東晉・佛馱跋陀羅譯 六十《華嚴經・四諦品》	唐・實叉難陀譯 八十《華嚴經・四聖諦品》
(文殊師利菩薩云：)	(文殊師利菩薩云：)
壹諸佛子！如(於)「娑婆世界」所名「苦」諦者，於所求世界(中)，	壹諸佛子！(於)此娑婆世界所言「苦」聖諦者，(於)彼關鬮𪗨(kavaḍa 乞食；摶食。ka→關的音譯。va→鬮的音譯)世界中，
❶或名(遭受種種敗)害(的苦報)，	❶或名(遭受種種)「敗壞」相(的苦報)，
❷或名(遭受如)坏ㄆㄟ瓶(土製瓶器危脆般的苦報)，	❷或名(遭受)如坏ㄆㄟ器(土製瓶器危脆般的苦報)，
❸或名「我所」(我與我所，皆由「我見」所成)，	❸或名(遭受由)「我」所成(的苦報)，
❹或名「身趣」(流轉於諸趣之身的苦報)，	❹或名(遭受流轉於)「諸趣」(之)身(的苦報)，
❺或名(數數)「流轉」(的苦報)，	❺或名(遭受)數(數)流轉(的苦報)， (數ㄕㄨㄛˋ 數→常常；屢次)
❻或名(遭受如)衰主(「衰敗之主」的一種苦報)，	❻或名(遭受)「眾惡」(之)門(的苦報)，
❼或名(遭受)「苦」(報)，	❼或名(遭受種種)性(質是)「苦」(的苦報)，
❽或名(遭受被)「輕飄」(輕賤而飄墮的一種苦報)，	❽或名(遭受甚)可(被)「棄捨」(的一種苦報)，
❾或名「無味」(無味指「不知是苦或樂」的一種苦報)，	❾或名(遭受)「無味」(的一種苦報。無味指「不知是苦或是樂」)，
❿或名(遭受有)來(有)去(的流轉苦報)。	❿或名(遭受有)來(有)去(的流轉苦報)。 (以上十種有關「苦」的定義，唐・澄觀撰《華嚴經疏鈔會本・卷十二》中只對「我所成」一個有作解釋)

貳所名「苦集」諦者，	貳諸佛子！所言「苦集」聖諦者，(於)彼關鬮反 世界中，
①或名(招引諸)「行」(業的罪惡聚集)，	①或名(招引諸)「行」(業的罪惡聚集)，
②或名(招引)「憤毒」(憤恨惡毒的罪業聚集)，	②或名(招引)「憤毒」(憤恨惡毒的罪業聚集)，
③或名(招引)「惡行」(邪惡諸行的罪業聚集)，	③或名(招引眾緣)「和合」(的惡業聚集)，
④或名(招引十二因緣中的)「受枝」(因緣的惡業聚集。受支➜對境分別，感受苦與樂)，	④或名(招引十二因緣中的)「受支」(因緣的惡業聚集。受支➜對境分別，感受苦與樂)，
⑤或名不(能生)起疾(速善法的惡業聚集)，	⑤或名(由)我心(所招引的惡業聚集)，
⑥或名(招引種種)「雜毒」(的惡業聚集)，	⑥或名(招引種種)「雜毒」(的惡業聚集)，
⑦或名(招引種種)「虛稱」(虛誑偽稱的惡業聚集)，	⑦或名(招引種種)「虛稱」(虛誑偽稱的惡業聚集)，
⑧或名(招引種種)「離勝」(遠離「殊勝事令不得」的苦報)，	⑧或名(招引種種)「乖違」(乖離違背的惡業聚集)，
⑨或名(招引種種)「熾然」(熾盛焰然的煩惱聚集)，	⑨或名(招引種種)「熱惱」(熾熱煩惱的惡業聚集)，
⑩或名(招引種種)「驚駭」(驚天駭人的惡業聚集)。	⑩或名(招引種種)「驚駭」(驚天駭人的惡業聚集)。(以上十種有關「集」的定義，唐·澄觀撰《華嚴經疏鈔會本·卷十二》中只對「我心」一個有作解釋)
參所名「苦滅」諦者，	參諸佛子！所言「苦滅」聖諦者，(於)彼關鬮反 世界中，
(1)或名「非聚」(非五陰之積聚)，	(1)或名「無積集」(無五陰之積集)，
(2)或名「非處」(非有「可得」之處所)，	(2)或名「不可得」，
(3)或名「妙藥」(甘露之妙藥)，	(3)或名「妙藥」(甘露之妙藥)，

⑷或名「不可壞」,	⑷或名「不可壞」,
⑸或名「不沒」(不死殁亦不生起),	⑸或名「無著」,
⑹或名「不可量」,	⑹或名「無量」,
⑺或名「大」,	⑺或名「廣大」,
⑻或名「覺枝」(覺支。例如「七覺支」),	⑻或名「覺分」(例如「七覺分」),
⑼或名「離染」,	⑼或名「離染」,
⑽或名(已離)「障礙」。	⑽或名「無障礙」。
	(以上十種有關「滅」的定義,唐・澄觀撰《華嚴經疏鈔會本・卷十二》中只對「覺分」一個有作解釋)
㈣所名「苦滅道」諦者,	㈣諸佛子!所言「苦滅道」聖諦者,(於)彼關闥㊙世界中,
㈠或名(修習)「勝行」(之道),	㈠或名(修習)「安隱行」(之道),
㈡或名(修習)「離欲」(之道),	㈡或名(修習)「離欲」(之道),
㈢或名(修習真實)「諦」(的)究竟(之道),	㈢或名(修習)究竟(真)實(諦之道),
㈣或名(修習能)入「深義」(之道),	㈣或名(修習)「入義」(入甚深第一義之道),
㈤或名(修習真)實「究竟」(之道),	㈤或名(修習心)性「究竟」(之道),
㈥或名(修習清)淨(顯)現(之道),	㈥或名(修習清)淨(顯)現(之道),
㈦或名(修習)「持念」(攝持正念之道),	㈦或名(修習)「攝念」(攝持正念之道),
㈧或名(修習遠)離障(礙之道),	㈧或名(修習)趣(向)「解脫」(之道),

(九)或名(修習)「救濟」(之道)， (十)或名(修習)「勝枝」(勝支之道)。 (五)諸佛子！(於「娑婆世界」下方的)<u>所求世界</u>(中)，(有)如是等「四諦」名，有「四十億」百千「那由他」，(皆)隨諸眾生，(其心)所應調伏，(而)作如是說。	(九)或名(修習)「救濟」(之道)， (十)或名(修習)「勝行」(殊勝行之道)。 (以上十種有關「道」的定義，唐・澄觀撰《華嚴經疏鈔會本・卷十二》中只對「入義」一個有作解釋) (五)諸佛子！(於「娑婆世界」下方的)<u>關闍</u>(kavaḍa 乞食;摶食。ka→關的音譯。va→闍的音譯)世界(中)說「四聖諦」，有如是等「四百億」十千名；(皆)隨眾生心，悉令調伏(之)。 (以上有關在關闍世界中對「苦集滅道」的解釋共有四十個定義，唐・澄觀撰《華嚴經疏鈔會本・卷十二》中對其中「四個名相」有作解釋)

十二－11 於娑婆世界上方的振音（解脫音）世界中，計有「四百億」十千名之多，皆能隨眾生其心所應調伏，而作如是之説

東晉・佛馱跋陀羅譯 六十《華嚴經・四諦品》	唐・實叉難陀譯 八十《華嚴經・四聖諦品》
（文殊師利菩薩云：）	（文殊師利菩薩云：）
⑴諸佛子！如（於）「娑婆世界」所名「苦」諦者，於解脫音世界（中）， ❶或名「匿疵卞」（穢匿疵下；侵匿；掩匿；劇疵；毀疵），	⑴諸佛子：（於）此娑婆世界所言「苦」聖諦者，（於）彼振音世界中， ❶或名（遭受）「匿疵」（穢匿疵下的苦報），
❷或名（遭受世間）「眾生」（的苦報），	❷或名（遭受）「世間」（的苦報），
❸或名（遭受）「依枝」（依支的苦報），	❸或名（遭受）「所依」（的苦報），
❹或名（遭受）「壞勝」（破壞勝法的苦報），	❹或名（遭受）「傲慢」（的苦報），
❺或名（遭受）「障礙」（的苦報），	❺或名（遭受）「染著」性（的苦報），
❻或名（遭受）「駛流」（湍駛馳流➜喻行苦），	❻或名（遭受）「駛流」（湍駛馳流的苦報➜喻行苦），
❼或名（遭受）「遠」（離「可樂」的一種苦報），	❼或名（遭受）「不可樂」（的苦報➜喻苦苦），
❽或名（遭受）「藏」（遮覆隱藏➜喻壞苦），	❽或名（遭受）「覆藏」（遮覆隱藏的苦報➜喻壞苦），
❾或名（快速感）受（痛苦的果報），	❾或名（遭受）「速滅」（快速毀滅的苦報），
❿或名（遭受）「苦枝」（苦支的果報）。	❿或名（遭受）「難調」（難以調伏的苦報）。 （以上十種有關「苦」的定義，唐・澄觀撰《華嚴經疏鈔會本・卷十二》中對「匿疵、傲慢、染著性、駛流、不可樂、覆藏、速滅、難調」八個有作解釋）
⑵所名「苦集」諦者，	⑵諸佛子！所言「苦集」聖諦者，（於）彼振音世界中，

①或名（招引須要去）遏（止）調伏（惡業的聚集），

②或名（招引能隨）「心趣」（心之所趣的惡業聚集），

③或名（招引）能（繫）縛（惡業的聚集），

④或名常（隨）念（而生起的種種惡業聚集），

⑤或名（招引此生而至）彼（後）邊（生的惡業聚集），

⑥或名（招引）「離修」（遠離修行的惡業聚集），

⑦或名（招引種種）「虛妄」（的惡業聚集），

⑧或名（招引眾惡之）門（的罪業聚集），

⑨或名（招引種種被）「輕飄」（輕賤而飄墮的惡業聚集），

⑩或名（招引）「隱覆」（隱藏遮覆的惡業聚集）。

①或名（招引）須（要去）「制伏」（惡業的聚集），

②或名（招引能隨）心（之所）趣（的惡業聚集），

③或名（招引）能（繫）縛（惡業的聚集），

④或名（招引能）隨念（生）起（的種種惡業聚集），

⑤或名（招引能讓此生而）至「後邊」（生的惡業聚集），

⑥或名（招引）共（相）「和合」（的惡業聚集），

⑦或名（招引種種）「分別」（的惡業聚集），

⑧或名（招引眾惡之）門（的罪業聚集），

⑨或名（招引種種）「飄動」（飄墮擾動的惡業聚集），

⑩或名（招引）「隱覆」（隱藏遮覆的惡業聚集）。
（以上十種有關「集」的定義，唐・澄觀撰《華嚴經疏鈔會本・卷十二》中只對「至後邊、門」二個有作解釋）

參所言「苦滅」諦者，

⑴或名「非處」，

⑵或名「無上勝」，

⑶或名「不還」（不再轉還輪迴），

⑷或名「滅諍」，

參諸佛子！所言「苦滅」聖諦者，（於）彼振音世界中，

⑴或名「無依處」，

⑵或名「不可取」，

⑶或名（已）轉（滅煩惱歸）還（涅槃），

⑷或名「離諍」，

⑸或名「小」，	⑸或名「小」（此喻小至可「不容一物」），
⑹或名「無害」，	⑹或名「大」（此喻大至能「周遍法界」），
⑺或名「善住」，	⑺或名「善淨」，
⑻或名「無盡」，	⑻或名「無盡」，
⑼或名「廣」（博），	⑼或名「廣博」，
⑽或名「無價等」。	⑽或名「無等價」（無等等之價；無價等）。 （以上十種有關「滅」的定義，唐‧澄觀撰《華嚴經疏鈔會本‧卷十二》中只對「不可取、小、大」三個有作解釋）
肆所言「苦滅道」諦者，	肆諸佛子！所言「苦滅道」聖諦者，（於）彼振音世界中，
㈠或名（修習）「自見」（自我觀見而）令見（之道），	㈠或名（修習自我）「觀察」（之道），
㈡或名（修習能）「摧敵」（摧滅煩惱敵之道），	㈡或名（修習）能摧（滅煩惱）敵（之道），
㈢或名（修習能）分別（了知與佛相）印（之道），	㈢或名（修習能）了知（與佛相）印（之道），
㈣或名（修習能）入（法性之）相，	㈣或名（修習）能入（法）性（之道），
㈤或名（修習）「難得」（難能獲得的大道），	㈤或名（修習）「難敵對」（難有與之能「敵對」的大道），
㈥或名（修習具）「無量義」（之道），	㈥或名（修習具）「無限義」（之道），
㈦或名（修習）能（生）起明（智之道），	㈦或名（修習）「能入智」（之道），
㈧或名（修習）「和合」（之）道，	㈧或名（修習）「和合」（之）道，
㈨或名（修習而）向「不動」（之道），	㈨或名（修習）「恒不動」（之道），

㈩或名（修習）「勝義」（殊勝義之道）。	㈩或名（修習）「殊勝義」（之道）。 （以上十種有關「道」的定義，唐・澄觀撰《華嚴經疏鈔會本・卷十二》中只對「難敵對」一個有作解釋）
㈤諸佛子！（於「娑婆世界」上方的）<u>解脫音世界</u>（中），（有）如是等「四諦」名，有「四十億」百千「那由他」，（皆）隨諸眾生，（其心）所應調伏，（而）作如是說。	㈤諸佛子！（於「娑婆世界」上方的）<u>振音世界</u>（中）說「四聖諦」，有如是等「四百億」十千名；（皆）隨眾生心，悉令調伏（之）。 （以上有關在振音世界中對「苦集滅道」的解釋共有四十個定義，唐・澄觀撰《華嚴經疏鈔會本・卷十二》中對其中「十四個名相」有作解釋）

（文殊師利菩薩宣說有關「四聖諦」種種不同的「名、義」，在娑婆世界及十方世界中對「苦集滅道」的解釋各有 110 個不同的「名、義」，全部總計共有 440 個定義。

唐・澄觀撰《華嚴經疏鈔會本・卷十二》中只對其中 72 個名相有作解釋，其餘均無解釋；也就是只有解釋了 16% 的名相定義，有高達 84% 的名相都沒有進一步作詳細解釋了）

十二－12 於東、南、西、北方、四維、上、下，於百千億無數無量、無邊無等、不可數、不可稱、不可思、不可量、不可說，盡法界、虛空界、所有世界中，有關「四聖諦」的「名、義」，計有「百億萬種」名之多，皆能隨眾生其心所應調伏，而作如是之說

東晉·佛馱跋陀羅譯 六十《華嚴經·四諦品》	唐·實叉難陀譯 八十《華嚴經·四聖諦品》
(文殊師利菩薩云：)	(文殊師利菩薩云：)
壹諸佛子！如(於)此「娑婆世界」(中)，及十方佛刹說「四諦」名。	壹諸佛子！如(於)此「娑婆」世界中，說「四聖諦」，有「四百億」十千名。
貳如是(於)「東方」百千億不可量、不可數、不可思議、不可稱、無等、無邊、無分齊(分際齊限)、不可說虛空、法界等一切世界中，說「四諦」名，各有「四十億」百千「那由他」。	貳如是，(於)「東方」百千億無數無量、無邊無等、不可數、不可稱、不可思、不可量、不可說，盡法界、虛空界、所有世界，彼一一世界中，說「四聖諦」，亦各有「四百億」十千名。
參(皆)隨諸眾生，(其心)所應調伏，(而)作如是說。(於)「南、西、北方、四維、上、下」，亦復如是(之說)。	參(皆)隨眾生心，悉令調伏(之)。如(於)東方，南、西、北方，四維、上、下，亦復如是(之說)。
	肆諸佛子！如(於)「娑婆」世界，有如上所說；(於)十方世界，(於)彼一切世界，亦各有如是(之說)。
	伍(於)十方世界，(於)一一世界中，說「苦聖諦」有「百億」萬種名，說「集聖諦、滅聖諦、道聖諦」，亦各有「百億」萬種名；皆隨眾生心之所樂，(而)令其調伏。

第三、《中論》中的「四聖諦」義

觀四諦品第二十四（全部共有 40 偈）

ārya-satya--parīkṣā nāma catur-viṃśatitamaṃ prakaraṇam

番、梵本皆譯作「**觀聖諦品**」。

《般若燈論》及《大乘中觀釋論》亦作「**觀聖諦品**」。

一、「四聖諦」皆無「真實自體性」、為「性空」，但並非是「斷滅虛無」

《中論》	《般若燈論》	《大乘中觀釋論》
南印度僧龍樹撰 姚秦·鳩摩羅什（Kumāra-jīva，344~413）譯 （採《房山石經》契丹藏爲底本，再對校其餘版本）	南印度僧清辨（Bhāvaviveka 約 6 世紀人）撰 唐·中印度僧波羅頗密多羅（Prabhā-karamitra，565～633）譯	南印度僧安慧（Sthiramati，510-570）撰 北宋·惟淨譯。 第十四品之後改由趙宋·印度僧法護（Dharma-pāla）譯出
第十八偈 ◆眾因緣生法(1) ◆我說(我佛如來所說)即是空(2) ◆亦為是假名 ◆亦是中道義(3)	從眾緣生法 我說即是空 但為假名字 亦是中道義	若從因緣生 諸法即無體 緣亦是假名 非一異可有

(1)依《藏要》，吉藏之《中觀論疏》作「**因緣所生法**」。

(2)原刻作「**無**」字，今依番、梵本改譯為「**空**」字。

又據【觀因緣品·第一】云：
能說是因緣，善滅諸戲論。
我稽首禮**佛**。諸說中第一。

及《觀邪見品·第二十七》云：
瞿曇大聖主(釋迦佛)，憐愍說是法。
悉斷一切見，我今**稽首禮**(禮佛)。
故可知「**我說即是空**」的「**我**」乃指釋迦佛，並非指龍樹本人。

(3)依《藏要》，番、梵本作「**即此是中道**」。

若據梵文之原譯，大意如下：

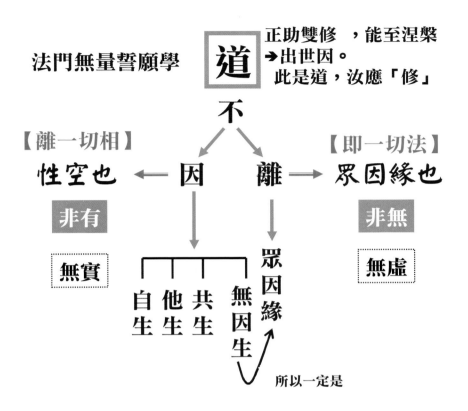

二、是故經中說：若見因緣法，則為能見佛，見苦集滅道

《中阿含經・卷第七》

諸賢！世尊亦如是說：若見「緣起」便「見法」，若「見法」便見「緣起」。

《大哀經・卷第三》

是「十二緣」已了，十二則曰「法義」。其「法義」者是則名曰觀見「緣起」，其觀「緣起」，則「見於法」。其「見法者」，則見「如來」。

《了本生死經》

(1)佛說是，若比丘見「緣起」，為「見法」……

(2)若見「緣起」無命、非命，為「見法」。見法「無命、非命」，為「見佛」，當隨是慧。

《如來莊嚴智慧光明入一切佛境界經・卷下》

(1)「了義」者即是「第一義」。「第一義」者即是「無我義」。「無我義」者即是「不可說義」。「不可說義」者即是「因緣義」。「因緣義」者即是「法義」。「法義」者即是「如義」。

(2)是故言見「因緣」者，即是「見法」。「見法」者，即是「見如來」。所言「見」者，雖見諸法，而無所見。

《度一切諸佛境界智嚴經》

(1)「了義」是「第一義」。「第一義」是「無我義」。「無我義」是「不可說義」。「不可說義」是「十二因緣義」。「十二因緣義」是「法義」。「法義」是「如來義」。

(2)是故我說：若"見"「十二因緣」即是「見法」，見「法」即是見「佛」。如是見無所見

（雖見諸法，亦見諸佛，而無所著，無所見也）。

《大方等大集經・卷第十七》

(1)由有「生」故則有「滅」。有「生滅」故，則有「斷常」之見。若不見有法從「自性、他性」生者，則見「因緣」。若見「因緣」則「見法」，若「見法」者，則見「如來」。

(2)若見「如來」者，則見「如」。若見「如」者，則不滯於「斷」，亦不執於「常」。若「不常不斷」者，即「無生無滅」。

(3)寶德復問：善男子！若「無生無滅」，云何有「名數」？

(4)虛空藏答言：假言說，故名之「法」耳。

(5)善男子！猶如有「空」（虛空）故，有色差別名。所謂「青、黃、赤、白色、紫色、頗梨色、琉璃色、麁色、細色、長色、短色、方色、圓色」。

三、二乘人修學「無我」與「空寂」，並非真實的「滅聖諦」。若能了知眾生本具「如來祕密藏」，修習不生不滅之如來藏與佛性，進而能「滅」盡「集」因與「苦」果，此是名真實的「滅聖諦」→應證

北涼・曇無讖譯 **北本**《大般涅槃經・卷七》	劉宋・慧嚴、慧觀、謝靈運 彙整 **南本**《大般涅槃經・卷六》	東晉・法顯、佛陀跋陀羅、寶雲共譯 《佛說大般泥洹經・卷五》
《如來性品第四之四》	《四諦品・第十》	《四諦品・第十一》
❶(所謂)「苦滅諦」(滅聖諦)者： 若有多修(與)習學「(斷滅)空法」(者)，是為「不善」。 何以故？(此乃)滅一切法故，壞於如來(之)「真法藏」故，(若)作是修學，(則)是名「修(斷滅)空」。	❶苦滅諦者， 若有多修習學空法，是為不善。 何以故？滅一切法故，壞於如來真法藏故，作是修學，是名修空。	❶(所謂)「苦滅諦」(滅聖諦)者： 若修行「(斷滅)空」，一切盡滅，(亦)壞(滅)「如來性」(佛性)。
❷(若)修(真實佛教的)「苦滅」(滅聖諦)者，(乃違)逆於一切諸「外道」等。若言修「(斷滅)空」，(即)是「滅諦」者，(則)一切外道亦修「(斷滅)空法」，應(皆也)有(佛教的)「滅諦」？	❷修苦滅者，逆於一切諸外道等，若言修空，是滅諦者，一切外道亦修空法，應有滅諦。	❷若修行「(斷滅)空」，(即)名「滅諦」者，彼諸外道(原本應與佛教乃)相違義者，(但如果外道)亦修行「(斷滅)空」，(諸外道都證)得(佛教的)「滅諦」耶？
❸若有說言：有「如來藏」雖不可見，若能滅除一切「煩惱」，爾乃(能)得入(如來藏)，若發此心「一念」(如來藏與佛性皆是不生不滅之常住)因緣，(便能)於「諸法」中而得	❸若有說言：有「如來藏」雖不可見，若能滅除一切煩惱爾乃得入，若發此心一念因緣，於諸法中而得自在。	❸當知一切(眾生)皆有「如來常住」之性，滅諸「結縛」，「煩惱」永盡，(能)顯現「如來常住」之性，(只要生)起於「一心」(如來藏與佛性皆是不生不滅之常住)，便(能)得妙

㊀若有修習「如來密藏」(者)，(卻像二乘人一樣只求證)「無我」(與)「空寂」。如是之人，於無量世，在生死中流轉受苦。

㊄若有不作如是修者(指不會像二乘人只修無我與空寂)，雖(仍)有煩惱(還在)，(卻)疾能滅除，何以故？因(已了)知(眾生本具)「如來祕密藏」故，是名「苦滅聖諦」(滅聖諦)。

㊅若能如是修習(真實之)「滅」(聖諦)者，(即)是我(真)弟子；若有不能作如是修(滅聖諦者)，是名(為)修「(頑)空」，(此並)非(為真實的)「滅聖諦」。

㊃若有修習如來密藏，無我空寂，如是之人，於無量世在生死中流轉受苦。

㊄若有不作如是修者，雖有煩惱、疾能滅除，何以故？因知如來祕密藏故，是名苦滅聖諦。

㊅若能如是修習滅者，是我弟子，若有不能作如是修，是名修空非滅聖諦。

果，(獲)常樂自在，名(於)法(中獲得)「自在王」。
(此)是為修行「苦滅聖諦」(滅聖諦)。

㊃若復(有)修行於「如來性」(佛性者)，(卻像二乘人一樣只求)作「空」(與)「無我」相。當知是輩，如蛾投(撲於)火。

㊄名「滅諦」者，(即)是「如來性」(佛性)，(即)是如來(之)「實」，(能)滅除一切無量「煩惱」。所以者何？(以)是「如來性」(為)因故。

㊅(若能)如是知者，為(真實能)知如來平等(之)「滅諦」。若異此者，(則)不名知(真實之)「滅」(諦)。

若(佛所)言「一道」是「實諦」者，(則)與彼「外道」(之說又)有何差別(外道的法義都離不開「相對待法」。佛講的法義則是遠離「相對待法」的「絕待」與「圓融」)？ 若(佛說與外道說)無差別(的話)，(佛)不應說言「一道」清淨(這種法義)。 　(拾)佛言：善男子！諸外道等，(亦)有「苦、集」諦，(但)無「滅、道」諦。 (外道都在「相對待法」下修行，例如)於「非滅」中而生「滅」想。 於「非道」中而生「道」想。 於「非果」中生於「果」想。 於「非因」中生於「因」想。 以是義故，彼(外道並)無(真實的)「一道」，(與)清淨無二(的法義存在)。	若言一道是實諦者，與彼外道有何差別？ 若無差別，不應說言一道清淨。 　(拾)佛言：善男子！諸外道等有苦集諦，無滅道諦。 於非滅中而生滅想， 於非道中而生道想， 於非果中而生果想， 於非因中而生因想。 以是義故，彼無一道清淨無二。

第五、《勝鬘經》中的「四聖諦」義

一、若能於「無量煩惱」所纏的「如來藏」完全不疑惑者，則於「出一切煩惱藏」的「如來法身」亦無疑惑

劉宋·求那跋陀羅譯 《勝鬘師子吼一乘大方便方廣經》	唐·菩提流志譯 《大寶積經·卷第一百一十九》
《法身章第八》	《勝鬘夫人會第四十八》
⑤若於「無量煩惱藏」所纏「如來藏」；不疑惑者，(則)於「出無量煩惱藏」(之如來)法身，亦無疑惑。	⑤若於「無量煩惱」所纏「如來之藏」；不疑惑者，(則)於「出一切煩惱之藏」(之)如來法身，亦無疑惑。
⑥於說「如來藏」，(即是)「如來法身」，(即是)不思議「佛境界」，(以)及(一種)「方便說」。(「如來藏」是「如來法身」所依之境。故「如來藏」就是「如來法身」的一種方便說，因為「法身」所依止之境就是「如來藏」)	⑥世尊！若有於此「如來之藏」，(以)及(「如來藏」即是)「佛法身」，(即皆是)不可思議「佛祕密境」。(證如來藏＝證如來法身＝證不可思議佛祕密之境)
(若有人於)心(已)得「決定」者，此則(能)信解(所)說(之)「二聖諦」(指「有作聖諦義」與「無作聖諦義」)，如是難知、難解者，謂說「二聖諦義」。(「如來藏」是「聖諦」所依止之境界及所依之處)	(若有人於)心(已)得「究竟」(者)，(則)於彼所說(之)「二聖諦義」(指「有作聖諦義」與「無作聖諦義」)，(便)能信、能了，能生勝解。(「如來藏」是「聖諦」所依止之境界及所依之處)
⑧何等為說「二聖諦義」？謂： ❶說「(有)作聖諦義」。 (指需依止如來的教導來獲得自證，此並非屬於如來能「自知自證」的「內自證智」) ❷說「無作聖諦義」。	⑧何等名為「二聖諦義」？ ❶所謂「有作」(有作聖諦義)。 (二乘仍有「法執」，故落於「有功用道」，無法達「無功用道」之境) ❷及以「無作」(無作聖諦義)。
⑨說「(有)作聖諦義」者：是說有(限)量(之)「四聖諦」。何以故？ ①非「因他」，能知「一切苦」。 (若非因「他人」的教導庇護，則自己便不能「知一切苦」，底下義理皆類推) ②(非因他能)斷「一切集」。	⑨「(有)作聖諦」者：是(為)「不圓滿」(的一種)「四聖諦義」。何以故？ ①由「他護」故而不能得知「一切苦」。 (若非由「他人」的教導庇護，則自己便不能「知一切苦」，底下義理皆類推)。 ②(非因他能)斷「一切集」。

㈥（若）見諸行（是真實可得的）「無常」，（此亦）是「斷」見，非「正見」。（若又）見「涅槃」（是真實可得之）常，（此亦）是「常」見，非「正見」。

㈦（凡夫因）「妄想」見故，作如是見，於身諸根，分別思惟，現法（皆）見壞，於（諸）「有」（之）相續不見，起於「斷」見。

㈧（凡夫因）妄想見故，於心相續。（因）愚闇不解、不知，（遂於）剎那間「意識」（所生起的）境界，起於「常」見。

㈨（凡夫因）妄想見故，此「妄想」見於彼義，若過、若不及，作「異想」分別，（於是執著）若（或）斷、若（或）常。

㈥世尊！若復有見「生死」（是真實可得之）無常，（或又見）「涅槃」是（真實可得之）常。（唯有）非「斷、常」見，是名「正見」。

㈦何以故？
諸「計度」者，見身諸根，受者、思者，現法（皆）「滅壞」，於（諸）「有」（之）相續，不能了知，盲無慧目，起於「斷」見。

㈧於心相續，剎那「滅壞」。（凡夫因）愚闇（故）不了「意識」（所生起的）境界，起於「常」見。

㈨世尊！然彼彼義，過諸分別，及下劣見，由諸愚夫，妄生「異想」，顛倒執著，謂「斷」、謂「常」。

第六、《思益梵天所問經》中的「四聖諦」義

一、如來出過世間，亦說世間「苦」、世間「集」、世間「滅」、世間「滅道」

西晉·竺法護 譯《持心梵天所問經·卷一》	後秦·鳩摩羅什 譯《思益梵天所問經·卷一》	北魏·菩提流支 譯《勝思惟梵天所問經·卷二》
《解諸法品·第四》	《解諸法品·第四》	
壹佛復告持心梵天：如來已(越)度「世間」境界，(但仍)示「世俗」(之)教(理)，習樂於「俗」，欲度於「世樂」滅「方俗」，是謂世間之「五陰」也。(苦、習、盡、道為四聖諦)	壹佛復告思益梵天：如來(已超)出(越)過「世間」，(但如來)亦說世間(之)「苦」、世間(之)「集」、世間(之)「滅」、世間(之)「滅道」。(四聖諦有分「有作聖諦」與「無作聖諦」。「有作聖諦」是「聲聞、緣覺」二乘之智境，故亦名「有限量」之世間「四聖諦」。「無作聖諦」是「如來」圓滿之智境，故亦名「無限量」之出世間「真聖諦」)	壹如來復告聖勝思惟大梵天言：(勝思惟)梵天！如來(已超)出(越)過「世間」而(仍)說「世間」(之教理)，(例如)世間(之)「集」，世間(之)「滅」，世間(之)「滅道」。
貳其自念言：世我所度，滅盡於「世」，求於「五陰」，遊於「道」者，則名曰「二」所慕之「徑」(道)。	貳(思益)梵天！(1)(所謂)「五陰」(即)名為世間(之)「苦」。(2)(若)貪著「五陰」(相)，(此)名為世間(之)「集」。(3)(若將)「五陰」(滅)盡，(此)名為世間(之)「滅」。(4)(若)以「無二法」求「五陰」，(此)名為世間(之)「滅道」。	貳(勝思惟)梵天！(1)言「世間」者，我說「五陰」(即)名為「世間」(之苦)。(2)(若)貪著「五陰」，(此)名為世間(之)「集」。(3)(若將)「五陰」(滅)盡，(此)名為世間(之)「滅」。(4)(若)觀察「五陰」，不見「二法」，(此)名為世間(之)「滅道」。
參復次(持心)梵天！(1)所以名曰「五陰」者何？其「五陰」者，(乃)「方俗言」耳。(此段應屬「苦」)	參又，(思益)梵天！(1)所言「五陰」，但有「言說」，於中取相，分別生「見」，而說是名世間(之)	參復次(勝思惟)梵天！(1)所言「五陰」，「五陰」者但有「言說」，於中取「言語」邪見，名為「世間」(之)

三、真聖諦者，無有「虛妄」。無「我、人、眾生、壽者」、無「生死」、無「涅槃」

西晉・竺法護 譯《持心梵天所問經・卷一》	後秦・鳩摩羅什 譯《思益梵天所問經・卷一》	北魏・菩提流支 譯《勝思惟梵天所問經・卷二》
《解諸法品・第四》	《解諸法品・第四》	
（壹）佛告（持心）梵天：所以曰「諦」無有「虛」者。	（壹）（思益）梵天！「真聖諦」者無有「虛妄」。	（壹）（勝思惟）梵天！「實聖諦」者，非「妄語」、非「實語」。
（貳）何謂為「虛」？自計：	（貳）「虛妄」者，所謂：	（貳）（勝思惟）梵天！何者是「妄語」？所謂：
有「身」， 而念有「人」， 而備有「壽」，而言「有命」。 著於「男女」， 猗於「三有」， 離於「所有」， 恃於「所起」， 依於「所滅」， 受於「生死」， 怙於「泥洹」，是謂為「虛」。	著「我」、 著「眾生」、 著「人」、 著「壽命」者、 著「養育」者、 著「有」、著「無」、 著「生」、著「滅」、 著「生死」、 著「涅槃」。	著「我」， 著「眾生」， 著「命」、著「丈夫」， 著「人」、著「常」見， 著「斷」見， 著「有」見， 著「離有」見， 著「生」見， 著「滅」見， 著「生死」見， 著「涅槃」見， （勝思惟）梵天！是名「妄語」。
（參）此諸所受，於諸所受，無所「依倚」，亦無所「求」，斯謂為「諦」。		（參）（勝思惟）梵天！若「不著」如是見，「不觸」如是見，「不取」如是見，是名為「實語」。
（肆）	（肆）（思益）梵天！若行者言：	

(吾若)欲除「苦」者，(此)則名曰「虛」，	我(能)知見「苦」，(此亦)是虛妄。	
(若吾能)滅於「習」(集)者，斯亦為「虛」。	我(能)斷「集」，(此亦)是虛妄。	
(若)吾當(能)「盡」證，是亦為「虛」。	我(能)證「滅」，(此亦)是虛妄。	
(若我能)修行「徑」(道)路，亦復為「虛」。	我(能)修「道」，(此亦)是虛妄。	
㊄所以者何？佛所教化「八道品」(八正道)者，若「四意止」(四念處，即觀身不淨、觀受是苦、觀心無常、觀法無我)，斯亦謂(為)「虛」。(只要有「我人眾生壽者、有能有所」，皆是虛妄也)	㊄所以者何？是人違失佛所「護念」，是故說(世間之四聖諦亦)為(是)「虛妄」。	

四、外道説：苦是「生死相」、集是「眾緣和合」、滅是「滅法」、道是「以二法求相」者

西晉‧竺法護 譯《持心梵天所問經‧卷一》	後秦‧鳩摩羅什 譯《思益梵天所問經‧卷一》	北魏‧菩提流支 譯《勝思惟梵天所問經‧卷二》
《解諸法品‧第四》	《解諸法品‧第四》	
壹	壹	壹
(1)佛告(持心)梵天！將來之世，(若)當有比丘，不能慎「身」，不護「禁戒」，不能「制心」，不精(修於)「智慧」。	(1)(思益)梵天！當來(若)有比丘不修「身」、不修「戒」、不修「心」、不修「慧」。	(1)(勝思惟)梵天！於當來世，(若)有諸比丘，不修「身」、不修「戒」，不修「心」、不修「慧」。
(2)而(竟)當講說：(若見有)發生「苦」諦，	(2)是(諸比丘)人(竟)說：(若見有)「生死」相，(此即)是「苦」諦。	(2)是(諸比丘)人(竟)說：(若見有)「生」相，(此即)是「苦」諦。
(若見有)謂趣「習」(集)諦，	(若見有)「眾緣和合」，(此即)是「集」諦。	(若見有)「眾緣和合」，(此即)是「集」諦。
(若見有)馳騁尞(爭馳狂騁)於斯(此)，「壞」於「三有」諸所生處。	(若見有)「滅法」故，(此即)是「滅」諦。	(若見有)「滅」法，(此即)是「滅」諦。
又說：當求行於「徑」(道)路，是謂(有)「二諦」馳騁其行。	(若)以「二法」求相，(此即)是「道」諦。	(若)以「二法求相」，(此即)是「道」諦。
貳是等愚騃尕(愚癡頑騃)，吾則名之(為)「異學」伴黨，非佛(之)弟子，(亦)非我「聲聞」，志趣邪「徑」(道)，破壞「正諦」，而自(我)放逸。	貳佛言：我說此(諸比丘乃)愚人，是「外道」徒黨，我非彼人(之)「師」，彼(亦)非我「弟子」。是人墮於「邪道」，破失「法」故，說言有(真實	貳(勝思惟)梵天！我說彼(諸比丘乃)愚癡人，是「外道」徒黨，墮於「惡道」，我非其(之)「師」，彼人(亦)非我「聲聞」弟子。如是之人，

	可得之)「諦」。	隨外「邪道」破「失法」故，說言有(眞實可得之)「諦」。
㊌ ⑴吾處「道場」(於)佛(菩提)樹下時，(吾所證得之法)不歸(於)「誠」諦(此指「無實」)，亦無「虛妄」(此指「無虛」)。 ⑵佛於諸法，亦無所趣。以是之故，求如來法，勿觀「二事」，勿言「有二」，為「二問」也。 (持心)白曰：不敢也！	㊌ ⑴(思益)梵天！汝且觀我坐「道場」時，不得(眞實之)「一法」。(吾所證得之法)是實？是虛妄？ (此指佛所證之法乃「無實無虛」) ⑵若我不得(眞實之一)法，是法寧可於眾中有(眞實存在之)「言說」、有(眞實存在之)「論議」、有(眞實存在之)「教化」耶？ (思益)梵天言：不也！世尊。	㊌ ⑴(勝思惟)梵天！且觀我坐「道場」時，不得(眞實之)「一法」。(吾所證得之法)是實？是妄語？ (此指佛所證之法乃「無實無虛」) ⑵若佛不得(眞實一)法，是法寧可於眾中有(眞實存在之)「言說」、有(眞實存在之)「論義」、有(眞實存在之)「教化」耶？ (勝思惟)梵天言：不也！世尊。
㊃天中天(佛陀)答曰：(若見有二法、二事、二問者)是為「顛倒迷惑」之道，(則永)不能蠲除一切所趣。	㊃(佛言：思益)梵天！以諸法(乃)「無所得」故，諸法(爲)「離自性」故，我(所證得之)「菩提」是「無貪愛相」。	㊃佛言：(勝思惟)梵天！以諸法(乃)「無所得」故，諸法(爲)「離自性」故，我(所證得之)「菩提」是「無貪愛相」。

國家圖書館出版品預行編目(CIP)資料

《華嚴經》四聖諦品與人生一百一十種苦解析(全彩版)/果濱編撰. -- 初版. -- 臺北市：萬卷樓圖書股份有限公司, 2023.12
　面；　公分
全彩版

ISBN 978-626-386-033-9(精裝)

1.CST: 華嚴部

221.2　　　　　　　　　　　　　　　　　　112022285

ISBN　978-626-386-033-9

《華嚴經》四聖諦品與人生一百一十種苦解析（全彩版）

2023 年 12 月初版 精裝（全彩版）　　　　　　定 價：新台幣　390　元

編　著　者：果濱
發　行　人：林慶彰
出　版　者：萬卷樓圖書股份有限公司
編輯部地址：106 臺北市羅斯福路二段 41 號 9 樓之 4
電話：02-23216565
傳真：02-23218698
E-mail：service@wanjuan.com.tw
　　　　　booksnet@ms39.hinet.net
萬卷樓網路書店：http://www.wanjuan.com.tw
發行所地址：10643 臺北市羅斯福路二段 41 號 6 樓之 3
電話：02-23216565
傳真：02-23944113
劃撥帳號：15624015
微信 ID：ziyun87619　支付宝付款
款項匯款後，煩請跟服務專員連繫，確認出貨事宜
服務專員：白麗雯，電話：02-23216565 分機 610
承 印 廠 商：中茂分色製版印刷事業股份有限公司